# From Frustration To Fluency

# From Frustration To Fluency

20 Inspiring Italian Short Stories for Beginner Language Learners. Parallel Reading.

Acquire A Lot

San Rafael, California, USA

Copyright ©2023 Acquire a Lot. All rights reserved, include the rights of reproduction in whole or in part in any form. All wrongs avenged. No portion of this book may be reproduced in any form without permission from the publisher.

Every effort has been made by the authors to ensure that the information contained in this book was correct as of press time. The authors and publishing house hereby disclaim and do not assume liability for any injury, loss, damage, or disruption caused by errors or omissions, regardless of whether any errors or omissions result from negligence, accident, or any other cause. Readers are encouraged to verify any information contained in this book prior to taking any action on the information.

For rights, permissions or more information about this book please contact:

sergio@acquirealot.com

www.acquirealot.com

The characters and events portrayed in this book are fictitious. Any similarity to real persons, living or dead, is coincidental and not intended by the author.

ISBN-13: 9798856897950

Cover design by Sro

**Printed in the United States of America**

# Table of Contents

| | |
|---|---|
| **Introduction** | 11 |
| **A Short Guide on How to Use This Book** | 13 |
| **What is the Natural Approach?** | 15 |
| **Start Learning Italian** | 20 |
| **La tartaruga soccorsa-The rescued turtle** | 23 |
| **Una visita inaspettata-An unexpected visit** | 34 |
| **Il tesoro-The treasure** | 48 |
| **Alice** | 60 |
| **Il barbecue-The barbecue** | 72 |
| **Uno spavento-A scare** | 84 |
| **Una giornata al mare-A day at the beach** | 96 |
| **Viaggio a sorpresa-A surprise trip** | 108 |
| **Una serata tra amici-An evening with friends** | 122 |
| **Il vecchio corvo-The old crow** | 134 |
| **La nuova scuola-The new school** | 146 |
| **In treno-On the train** | 158 |
| **Il concerto-The concert** | 170 |
| **Il campeggio-The camping trip** | 182 |
| **La fiera-The fair** | 194 |

| | |
|---|---|
| **La gita in barca-The boat trip** | 206 |
| **Il gatto-The cat** | 218 |
| **I compiti delle vacanze-Holidays Homework** | 230 |
| **Gli occhiali perduti-The lost glasses** | 242 |
| **L'aeroporto-The airport** | 254 |
| **Answers** | 266 |
| **About the Author** | 267 |
| **References** | 267 |
| **Books By This Author** | 268 |
| **A special request** | 269 |

**Attention, language enthusiasts and eager learners!**

I'm thrilled to share with you a concise yet **powerful** guide that unravels the secrets to mastering any language at lightning speed. Whether you're captivated by the lyrical beauty of French, the intricate characters of Mandarin, or the rhythmic flow of Spanish, this guide is your gateway to linguistic prowess.

Picture this: a guide brimming with invaluable tips and clever tricks meticulously crafted to supercharge your language acquisition journey. We're not just talking about mere techniques; we're diving into the psychology of learning. Discover how to maintain unwavering focus even in the face of distractions, and uncover the hidden reservoirs of enthusiasm that will keep your passion for learning languages ablaze.

But that's not all – not by a long shot. When you download this guide from our website, you're not just accessing a treasure trove of language mastery insights; you're securing a spot in an exclusive circle. As a member, you'll be entitled to **special discounts** whenever we unveil a new book. Yes,

that's right – you'll be among the first to revel in our latest releases, nurturing your linguistic journey at a wallet-friendly price.

But wait, there's more. By joining this privileged group, you're not just gaining access to discounts. You're also opening the door to a realm of didactic materials thoughtfully curated to propel your learning experience.

Imagine having a toolkit of resources at your fingertips, honing your language skills with precision and finesse.

This chance won't stick around forever. Imagine sand trickling down in an hourglass – that's how much time you've got to snatch up this free guide. Don't let this cool moment slip through your fingers. Grab it now and get ready for a journey that'll totally change how you feel about languages.

All of these bonuses are 100% free, you don't need to provide any personal information except your email address.

**Scan this QR code**, claim your free guide, and step into a world where languages bow to your command. **Come on board with us**, and together, we'll help you conquer the world of mastering languages.

**Or go to this link:**

https://acquirealot.com/free-bonus/

# Introduction

This is a book designed for English speakers who are starting to learn Italian. This is a collection of twenty short stories, all written in Italian, with a natural style of learning in mind. They are all unique and independent from each other. Feel free to read them in the order you prefer.

The stories are geared towards beginner Italian students who are approaching the fundamentals of the new language and looking to progress in the basics, such as reading and understanding. Using this technique, the reader/student can actively engage with the Italian language and make learning an enjoyable process.

The objective is to aid and support the student. To do this, we created a tool to grasp new skills, enlarge the vocabulary, and acquire familiarity with the Italian language. All of this with the goal of being able to master the language in all its aspects independently.

Learning a new, foreign language requires effort. Memory and practice are, of course, very important. You're entering a world full of new terms and new grammatical rules, which can be very overwhelming. But it is not as difficult as one might think, especially if you approach the learning process with the right tools and mindset!

Taking this into consideration, reading is an amazing instrument for new students. It allows you to enter into contact with a new language and a new culture, all in an organic, simple, and spontaneous way.

When reading, you're not only following along with the plot of the story, you're doing much more than you might think. Notice how a story is

more than a succession of words. A story is constructed by a set of grammatical rules, syntax, verbs, adjectives, idiomatic expressions, context, and keywords.

By putting all these together in the right way, they work together like single bricks in a building. The bricks create the whole story you read.

Rather than being listed one after another, you can see terms and rules being applied and exemplified the way they would be in real life. Take your time to read and understand everything. There is no rush. You can read and re-read as much as you like, as fast or slow as you like. You'll be able to observe the progress you're making by yourself, especially when a text that seemed difficult in the beginning starts to flow easily.

Another important point is that there is more to communication than just grammar. Context, culture, and setup play a big role and can make a big difference when you're trying to understand others and express yourself.

A language is a living and fluid entity. Starting from the fundamentals, you'll slowly but surely progress. You will meet and acquire new terms and advance towards an understanding of the whole. By reading these short stories about everyday life, you will see how the language is used habitually. How the syntax is applied, which substantives and adjectives are used, how they are used, and in which context. The goal is to accompany you in this chapter of your learning journey. A lot of practice, with content that is beginner friendly, will make even the tricky parts of learning easy so that you can gain confidence in your skills.

# A Short Guide on How to Use This Book

As mentioned in the beginning, this book contains a total of twenty short stories in Italian, but not only that.

The vocabulary used to write all of them is correct but simple, short, and beginner-friendly (A1-A2). The stories' plots revolve around everyday topics, simple conversations, occurrences, and light themes. The content is designed to be not only effective in teaching and exemplifying but also approachable and enjoyable to read and follow along.

The book will be structured to make following the stories easy and practical. On the left side, there will be the Italian text, and on the right side, the English translation. This way, you can check it out at any time while you're reading.

Please keep in mind that in most cases the translation will not be grammatically perfect, but the intention is to understand the meaning of the sentence, i.e. to focus on the contextual meaning, not directly on translating word for word.

In every story, you will notice that a few terms are in **bold**: it indicates that these are keywords. Keywords are important to understanding the meaning of the story. They could also be new terms to you. Keeping this in mind, note them, and look for clues in the story plot. You may be able to guess what a new word means. They might even appear in the questions at the end of each chapter.

The repetition of the word might seem redundant, but it is actually very helpful. Because of this repetition, you'll soon be able to add them to your own mental vocabulary of Italian words. If a term is completely new to you, do not worry. Every story is followed by a short vocabulary listing with all the keywords in the order they appear in the text and accompanied by their English translation.

After the vocabulary listing, you'll find that every story is completed by a set of five multiple-choice questions. This is the more engaging and active part of the exercise. Do not skip it, and take your time answering after reading each story. It is very useful to both solidify the knowledge you already have acquired and pinpoint weak areas that need to be addressed.

The questions are about the story you just read, so working on them is an easy way to reinforce the information you've just acquired. On top of that, going through the questions and your answers allows you to independently evaluate your level of comprehension, so you can decide if you need to read a certain part again or if you're on top of it. Take your time to answer each question; remember, do not be afraid of making mistakes, they are an integral part of learning. And, of course, you'll find all the answers listed at the end of the book.

Now, you're ready to start reading and learning. Hopefully, these stories will complement your journey in the study of the Italian language while keeping up your interest. An interested reader is a reader who will learn easily and quickly.

Enjoy!

# What is the Natural Approach?

The name "**Natural Approach**" refers to a teaching and learning method. It is usually applied to language learning. It was created by two professors and language theorists during the late 1970's and early 1980's: T. Terrell and S. Krashen.

They both had first-hand experience teaching, especially Terrell, who taught Spanish to Californian students. This practical experience is going to be very important in the future elaboration of the method. The method Krashen and Terrell developed will gain quite a following and will be applied to a long list of different languages and levels of teaching.

Terrell was the most involved in outlining the practical classroom activities. He joined forces with Krashen, a professor, and linguist, to lay down a theoretical base for the method that was being elaborated. As a result of their new philosophy, the book "The Natural Approach" was published in 1983.

In this publication, they define what the Natural Approach is. They do this in contrast with the most used teaching methods at the time, which had at their core the learning of grammatical rules. Both approaches are still used today, but here we will focus on the characteristics of the Natural Approach.

This new method was created by taking into consideration a large number of empirical studies on language patterns, communication, and the natural second language learning patterns common to all students. A very peculiar trait is the approach to grammar. Grammatical structures are

acknowledged. It also acknowledges the growing complexity of grammar as the content of communication becomes more complex.

But Terrell and Krashen do not see the need for an explicit analysis of these, nor a focus on the memorization of grammatical and syntax rules as a preliminary step for learning. The students even, and maybe beginners even more, can benefit from starting to enter into contact with a second language through communication, both spoken and written, through practical use and the gradual acquiring of familiarity. A path that mimics the process of language learning in early childhood.

The Natural Approach is based on a few concepts, listed briefly here, that outline the functioning of the method.

There is a difference between learning and acquisition. Learning infers a conscious effort, a mnemonic exercise, and is the mechanism on which traditional grammar-based learning works. Acquisition of a second language is thought of as a parallel to the acquisition of language in children. A more spontaneous and less conscious way to acquire skills.

Conscious learning works together with acquisition as the "editor" in this system. This means it checks and corrects the output derivative from the acquisition. The two forms of learning work best together.

Grammatical structures are taken following a common order, an order that is common to all languages, and errors are an integral part of this process.

The best way for students to acquire a new language is to measure themselves with material in the target language that is just slightly over their current level.

Mindset has a fundamental role when learning. Students should be first motivated to learn, but also self-confident and not anxious or worried about the task at hand. Therefore, an effective teaching method puts the students

in the right mindset to learn and provides all the necessary tools to make it possible.

The Natural approach aims to give students basic communication skills (both speaking and reading) in what we could call a "kinder" way. The natural patterns the brain follows when learning are taken into account, as well as the well-being of the student. Lessons are based on understandable input in the goal language. The students are involved through interesting and engaging activities (often time games are used in the classroom, regardless of the age of the students). The teacher gives out all the necessary tools so that the instinct to communicate naturally emerges in the students.

I would like to add a little snippet from my own experience teaching. Before I was a teacher, I was a student myself. My elementary school gave us English language lessons once a week, and I was really bad at it. My tests always came out with low grades, and during speaking tests, I stumbled over every word, struggling to get them out as soon as the teacher called on me.

It was quite unusual. I was otherwise pretty good in school, the type of kid who always did homework and always studied, and other subjects were no problem. This kept going on until I reached high school, at which time, for whatever reason, I decided to start watching movies in the new language (most were in English) with subtitles.

Suddenly the lists of words and verbs were living in real life. In the beginning, I remember relying on the subtitles a lot. As time passed, I needed them less and less, until I didn't need to look for movies with subtitles anymore. Thinking back, I feel that what I was lacking as a student was meaning. I could not understand and relate what my teacher was saying to anything around me. When I unconsciously made the connection between life and language, the learning process became effective. I think that this experience as a student greatly influenced my approach to teaching Italian later.

I started working with elementary-aged students. They had no real prior knowledge of Italian, as well as a relatively short attention span. I remember stressing out a lot during the first sessions, as keeping their attention was very, very difficult. I started worrying that by the end of my lessons, my students would walk out without having improved.

Here the realization that I needed to make some changes came, thanks to one of the oldest children I was teaching. She was stumbling over the word "**insalata**." It became "**insalati**," "**issalati**," "**salada**," and so on. At some point, very frustrated, she said, "**alberi per mangiare!**". Even now, I'm not a very experienced teacher, but I feel like she did something very important in that moment.

She was struggling to communicate, and it made me remember the anxiety I felt as a child when the teacher called on me. Also, if she was to come out with "eating trees" on any other occasion, I would have been dumbfounded. But we were talking about dinner, the context made it plenty clear what she was trying to say. The change I needed to implement was the same I had needed as a student. It does not matter if the language was different.

I started doing less "memory workouts" and asking more about things that the students found interesting. At some point, you want your student to be able to go out there and use the language, to be understood by everyone. They need grammar, but they also need meaning. I have been using this approach ever since, even with adult students, who often are more motivated but also worry more about how they appear and about mistakes they might make.

Keeping an atmosphere that's relaxed and friendly works like magic. As does setting clear and reachable goals with the student: what is your motivation, your interests, etc. Everyone has different ones, do find yours,

and keep in mind that they are not secondary! They are the base of your motivation and determination to go through even the difficult bits.

# Start Learning Italian

Since this book is aimed at beginners, you will find a short table below containing an explanation of a few important rules and the pronunciation of certain sounds that English speakers often find confusing. These are the basis; remember them and go back to check this table while you're reading. Tackling this tricky part from the beginning is going to make your work easier later.

**1)** Contrary to English, Italian is what is called a phonetic language. This means that you read words the same way in which they are written. There are a few exceptions to this rule, but we will see them later.

**2)** The Italian alphabet can be broken down as follows:
- **16 consonants**, most of these have the same pronunciation as in English.
- **5 vowels,** they can be open or closed in pronunciation but unlike in English, they do not change. This means you might need to learn what the correct sound is, but also that once you've got it, you can apply it to all words you encounter.
- **5 foreign consonants ( j, k, w, x, y )** are found only in foreign words or local dialects.

**3)** Many words have double consonants (mamma, palla, tetto). In these cases, the sound is the same but is exaggerated and drawn out, underlining the difference between words like casa (home/house) and cassa (cash register in a store).

**4)** You might notice some words with an accent on the last vowel (it will always be a vowel in this case). This last vowel is then emphasized; some examples are: Papà, Verità, Comò, Perché.

## Exceptions Table – Sounds and Pronunciation

| | |
|---|---|
| **Gli-** (tovaglia) | This sound is not used in the English language. Is similar to the French "**fille**" but even more exaggerated. Once you get down this sound, remember that when you find these three letters in this order, this is the most common pronunciation. |
| **Gn-** (sogno) | This sound is similar to the one in the word "**onion**" but is even closer to the -ñ sound in Spanish (**es. España**). Almost all occurrences of these two letters in this order will have this pronunciation. |
| **H-** (Hotel) | When found at the beginning of a word the letter H is written but silent. <u>Some examples are:</u> **Hotel** => Otel, **Ho** => O, **Hai** => Ai, **Hanno** => Anno |
| **R-** (correre) | The letter -**R** in Italian is rolled. The sound is obtained by placing your tongue behind your two upper front teeth. |
| **C-** (carino, centro) | The letter **C** comes in two variants: **Hard C** => pronounced as in Karen, occurs when followed by the letters a, o, u, h. **Soft C** => pronounced as in Charles, occurs when followed by the letters -i or -e and no letter -h is found right after. |

| | |
|---|---|
| **G-** (gallina, giocattolo) | The letter **G** also comes in two variants: **Hard G** => pronounced as in the word gap when followed by the letters a, o, u, h **Soft G** => pronounced as in George, occurs when followed by -i or -e. and no -h is found right after. |
| **SC-** (scala, scimmia) | This set of consonants comes in two variants: **Hard** => sounds like the English letter -K when followed by a, o, u, h **Soft** => sounds like the English Sharon, when followed by the letters -i or -e. |

# La tartaruga soccorsa-The rescued turtle

### Riassunto

Un insegnante delle scuole elementari ama passare il suo tempo libero nella natura. Un giorno di primavera decide di fare una passeggiata tra i boschi famosi per essere verdi e incontaminati. Mentre osserva la bellezza che la circonda vede quello che pensa essere un sasso muoversi da solo. Dopo essersi avvicinata scopre che si tratta di una tartaruga con una zampa impigliata nel filo da pesca.

Fortunatamente ha con se il kit del pronto soccorso da cui tira fuori un paio di forbici per liberare l'animale. La tartaruga sembra capire le buone intenzioni della donna che cerca di aiutarla e aspetta pazientemente sino a che la zampa non è libera dal filo. La tartaruga soccorsa si dirige placida nel sottobosco e anche l'insegnante contenta della sua azione si dirige a casa. Non vede l'ora di raccontare ai suoi studenti la sua avventura.

### Summary

An elementary school teacher loves spending her free time in nature. On a beautiful spring day, she decides to take a walk through the woods, which are famous for their green and pristine appearance. As she observes the beauty all around her, she notices what she thinks is a rock moving by itself. Getting closer, she notices that it is not a rock at all, but a tortoise with a leg entangled in the fishing line.

Fortunately, she has brought along a first aid kit and takes out a pair of scissors to free the animal. The tortoise seems to understand the good intentions of the woman who is trying to help her, and it waits patiently until the leg is free from the thread. The rescued tortoise calmly heads into the undergrowth, and the teacher, content with her actions, heads home as well. She can't wait to tell her students about this adventure.

Durante la settimana sono sempre molto impegnata. Insegno nella scuola elementare della mia **cittadina**. Per quanto piccola, è il centro urbano più grande di questa zona, perciò si riuniscono nella nostra scuola studenti da tutte le piccole città vicine. Ho molti studenti di cui occuparmi, molti compiti da correggere, test e lezioni da preparare. Ma non lo cambierei per niente al mondo, il mio è un lavoro che mi da molte soddisfazioni, **accompagnare** i miei studenti nel loro apprendimento è un grande privilegio. Inoltre questa zona è circondata da campi e foreste.

Appena usciti dalla città si vedono subito i campi coltivati, tutti ordinatamente separati da muretti di pietra. Allontanandosi ancora si arriva ai boschi, questi sono famosi in tutto il paese per essere molto **rigogliosi** e incontaminati. Soprattutto durante le vacanze e i fine settimana abbiamo molti turisti che vengono a visitare la zona e ad esplorare i vari sentieri e percorsi nel verde.

Io mi sono trasferita qui da una grande città e ho scoperto la bellezza della natura per caso, quando le mie **colleghe** mi hanno invitata a unirmi a loro per una giornata tra i boschi. Da quella volta ho cominciato ad **apprezzare** il contatto con la natura. Passeggiando su uno dei tanti percorsi, posso sentire tutto lo stress lasciare il mio corpo. La mente libera e il respiro che si fa regolare. Il paesaggio tutto attorno è bellissimo, le vecchie **querce** fanno ombra lasciando passare qui e la raggi di sole dorati. Gli uccelli cantano negli alberi e in lontananza posso anche sentire il rumore d'acqua proveniente da un piccolo fiume. La primavera è il mio periodo preferito per dedicarmi alle mie passeggiate nella natura. Il freddo dell'inverno è appena sciolto dai primi raggi di sole ma l'aria è ancora fresca e pura. Il **sottobosco** si riempie di piccoli fiori selvatici, bianchi, viola e gialli. In queste occasioni mi sembra di passeggiare dentro una favola per bambini.

Naturalmente anche quest'anno ho aspettato la primavera con grande **trepidazione** per riprendere le mie passeggiate. Finalmente la neve si è sciolta, le prime piante verdi hanno fatto capolino dal terreno che si scongela con la primavera.

During the week I am always, very busy. I teach in the elementary school of my town. Even if it is just a small town, is the bigger urban center around here, because of this students from all the small villages around, are reunited in our school. I have many students to take care of, a lot of homework to check, tests and lessons to prepare. But I wouldn't change this for anything else in the whole wide world, my job gives me a lot of gratification, walk along with my students as they learn is a big privilege. Moreover, this area is surrounded by forests and nicely cultivated fields.

As soon as you leave the city the fields can be seen, all neatly separated by small stone walls. Going further away from the city you reach the woods, they are famous in all the country because they are exceptionally lush and free from smog. We get many tourists, mostly during holidays and weekends, they came here to visit the area and explore trails and paths surrounded by nature.

I moved from a big city and I discovered by chance the beauty of nature, this was when my colleagues invited me to go with them to spend a day out in the woods. Ever since then, I started to understand the importance of contact with nature. Walking onto one of the many paths, I can feel all the stress leave my body. My mind is free and my breathing is calm and regular. The view all around is beautiful, the old oaks cast shadows and let through just a few golden sun rays. The birds sing in the trees and far away I can hear the sound of water coming from a small river. Spring is my favorite season to enjoy hiking in nature. The cold of the winter has just melted under the first sun rays but the air is still fresh and clean. The underbrush becomes inhabited by small wildflowers, white, violet, and yellow. During these moments it seems to me that I might be strolling inside a fairy tale.

Of course, this year as well I was waiting for spring to come with great anticipation so that I could resume my nature walks. Finally, the snow melted down and the first the first green plants have peeped out of the ground thawing with spring.

Quando il fine settimana è arrivato ho deciso che era il momento di esplorare uno dei sentieri vicino al fiume. Mi sono svegliata presto, ho preparato il mio zaino riempiendolo di tutto quello che mi potrebbe servire: una giacca pesante, una **borraccia** d'acqua, un piccolo kit per il pronto soccorso, cappello, mappa e naturalmente un'abbondante **merenda**.

Ho preso la macchina e sono arrivata sino al parcheggio dove tutti i visitatori sostano, naturalmente niente automobili sono ammesse nel bosco!

Ho incontrato e salutato qualche conoscente, anche loro appena arrivati per godere della bella giornata e della primavera appena iniziata.

Oggi, ho pensato, guardando la grande mappa dei sentieri affissa nel parcheggio, voglio prendermela con calma. Seguirò uno dei sentieri più semplici, è quasi tutto in piano e passa accanto al fiume.

Mentre cammino e mi lascio cullare dai suoni del bosco mi sento sollevata e rilassata. Tutto lo stress e la stanchezza della settimana sembrano sciogliersi come ghiaccio al sole.

A metà mattina ho cominciato ad avere una gran fame e mi sono fermata all'ombra di una quercia per mangiare. Questa volta ho portato piccoli **panini** bianchi ripieni di formaggio e prosciutto, come dolce dei **biscotti** con le gocce di cioccolato che una delle mie studentesse mi ha portato ieri in classe.

Mentre mangiavo con gusto mi sono guardata attorno notando come il sole illuminava il tappeto di muschio e le piante rampicanti si avvolgevano sui tronchi degli alberi.

A un certo punto ho notato, proprio sul bordo del **sentiero**, una grossa pietra che sembrava coperta di **muschio** verde. Ha attirato la mia attenzione perché, solo per una attimo avrei giurato di averla vista muoversi! Mi sono detta che stavo cominciando a immaginare le cose, questo è un paesaggio da favole ma le pietre che si muovono mi sembrano un po' troppo. Proprio quando ho finito di pensare così la pietra si è mossa di nuovo, non molto ma senza dubbio si è mossa.

Era il caso di dare un occhiata, che strana illusione ottica stavo vedendo? Ho appoggiato la scatola dei biscotti accanto al mio **zaino** e mi sono alzata per indagare.

When the weekend arrived, I decided that it was time to go explore one of the paths near the river. I woke up early and filled up my backpack with everything I might have needed: a warm jacket, a reusable water bottle, a small first-aid kit, a hat, a map, and of course lots of snacks.

I took the car and drove it to the parking area where all the visitors stop, no cars are admitted in the forest area, of course.

I meet and said hello to some friends, they were just arriving and they too wanted to enjoy the nice weather and the beginning of spring.

Today, I thought looking up at the big map of the tracks hanging in the parking lot, I want to take it slow. I will follow one of the easiest paths, almost all of it goes in plain and near it runs the river.

As I walk and I let myself be lulled by the sounds of the forest, I feel relieved and relaxed. All of the stress and fatigue, accumulated during the week, seem to melt like ice under the sun.

Around midday, I became really hungry and I took a seat in the shadow cast by an oak to eat. This time I brought small white sandwiches filled with cheese and ham and for dessert some chocolate chip cookies that one of my students brought to my class yesterday.

As I ate heartily, I looked around noting how the sun lit up the carpet of moss and the green vines wrapped around the dark trunks of the trees.

At one point I noticed, right on the edge of the path, a large stone that seemed to be covered in green moss. It caught my attention because, just for a moment I could have sworn I saw it moving! I thought to myself that I was starting to imagine things, this is a fairy tale landscape but the moving stones seem a bit much to me. Just when I finished thinking like that the stone moved again, not much but moved.

It was time to take a look, what strange optical illusion was I seeing? I set the cookie tin next to my backpack and got up to investigate.

Non potevo crederci, ma quando mi sono avvicinata la pietra si è mossa di nuovo! Ho fatto un balzo indietro, ma poi con grande cautela, mi sono chinata per osservare meglio quello che avevo davanti.

Con mia grande sorpresa ho finalmente realizzato che quella che non era una pietra coperta di muschio.

Quella che stava davanti a me era una grossa **tartaruga** col guscio tutto coperto di terra e la testolina ritirata al sicuro dentro la sua casa. Mi sono molto stupita di come una animale si lasciasse avvicinare così tanto, soprattutto un animale **timido** come una tartaruga.

Tutte le zampine erano dentro il guscio, motivo per il quale l'avevo scambiata per una roccia. Ma guardando da vicino ho notato che una delle zampe posteriori rimaneva fuori dal guscio ed era impigliata in un **filo da pesca**.

Ecco svelato il mistero! Molti vengono a pesca nel fiume e qualche volta capita di trovare resti di filo da lenza, lasciati indietro da un pescatore distratto. La povera tartaruga deve aver camminato sopra uno di questi fili che le si è annodato alla zampa.

Poveretta, doveva essere molto sgradevole! Sono corsa verso il mio zaino e dal kit di pronto soccorso ho tirato fuori un paio di piccole **forbici**. Chi lo avrebbe detto che il kit sarebbe servito per soccorrere una tartaruga? Ho girato attorno all'animale per trovare il punto migliore, mi sono seduta accanto a lei e con grande attenzione ho cominciato a tagliare il filo annodato attorno alla zampa. La tartaruga ha tirato la testa fuori dal guscio, non sembrava spaventata ne ha provato a scappare.

Sembrava quasi che avesse capito che avevo solo buone intenzioni nei suoi confronti. Dopo un po di difficoltà, sono riuscita a tagliare il filo e a liberare la zampa. Ho accuratamente raccolto tutti i pezzi di lenza che ho tagliato e li ho riposti nello zaino. Non volevo certo che l'incidente si ripetesse. Quando mi sono allontanata ho notato la tartaruga tirare fuori la testa dal guscio per guardarsi attorno. Dopo la testa è stata la volta delle altre zampe che sino a quel momento erano rimaste nascoste dandomi l'illusione che si trattasse di un sasso. Sono rimasta ferma a debita distanza,

I couldn't believe it, but when I got closer the stone moved again! I jumped back, but then with great caution, I bent down to better observe what was in front of me.

To my surprise, I finally realized, that was not a stone covered in moss.

What stood before me was a large tortoise with its shell all covered in dirt and its little head safely tucked away inside its house. I was amazed how an animal let me get so close, especially a shy animal like a tortoise.

All the paws were inside the shell, which is why I had mistaken it for a rock. But looking closely I noticed that one of the hind legs was sticking out of the shell and was entangled in a fishing line.

Here is the mystery revealed! Many come by to fish in the river and sometimes it happens to find remains of the fishing lines, left behind by an absent-minded fisherman. The poor tortoise must have walked on one of these threads that got tied to its leg.

Poor thing, it must have been very unpleasant! I ran to my backpack and pulled out a pair of small scissors from the first aid kit. Who would have thought that the kit would be used to rescue a tortoise? I walked around the animal to find the best spot, sat next to her, and very carefully began to cut the thread knotted around the leg. The tortoise stuck its head out of the shell, it didn't seem scared and didn't try to run away.

It was almost as if it understood that I had only good intentions. After some difficulty, I was able to cut the thread and free the leg. I carefully collected all the pieces of line that I cut and placed them in my backpack. I certainly didn't want the incident to happen again. As I walked away I noticed the turtle sticking its head out of its shell to look around. After the head, it was the turn of the other legs which until then had remained hidden giving me the illusion that it was a stone. I stood at a safe distance,

non volevo spaventare la creatura ma volevo anche osservare cosa faceva, sarebbe stata in grado di camminare adesso che la zampa era libera?

Con mia grande gioia , la tartaruga ha cominciato a camminare piano, il grosso **guscio** oscillava tra l'erba mentre si dirigeva lenta ma sicura nel sottobosco.

Ho mentalmente salutato la mia nuova amica e ho raccolto le mie cose.

Il sole si stava abbassando sull'orizzonte ed era anche per me ora di andare a casa.

Soddisfatta della mia giornata, mi sono anche io incamminata sul sentiero del ritorno. Avevo vissuto proprio una bella avventura e non vedevo l'ora di raccontarla ai miei studenti il Lunedì seguente.

I didn't want to scare the creature but I also wanted to observe what it was doing, would it be able to walk now that the leg was free?

To my delight, the turtle began to walk slowly, the large shell swinging in the grass as it made its way slowly but surely into the undergrowth.

I mentally said goodbye to my new friend and gathered my things. The sun was getting low on the horizon and it was time for me to go home too.

Satisfied with my day, I too set out on the path of return. I had quite an adventure and I couldn't wait to tell my students about it the following Monday.

## Vocabulary

**Cittadina**: Small Town
**Accompagnare**: Accompanying
**Rigogliosi**: Lush
**Colleghe**: Colleagues
**Apprezzare**: Appreciate
**Querce**: Oak trees
**Sottobosco**: Underbrush
**Trepidazione**: Anticipation
**Borraccia**: Reusable water bottle
**Merenda**: Snack
**Panini**: Sandwiches
**Biscotti**: Cookies
**Sentiero**: Path
**Muschio**: Moss
**Zaino**: Backpack
**Tartaruga**: Tortoise
**Timido**: Shy
**Filo da pesca**: Fishing line
**Forbici**: Scissors
**Guscio**: Shell

## Questions

**1) What is the main character's job?**
a) fisherman
b) teacher
c) Police officer
d) doctor
e) student

**2) In which season the story takes place?**
a) it isn't specified
b) winter
c) spring
d) fall
e) summer

**3) What animal the main character meets?**
a) dog
b) bird
c) fish
d) tortoise
e) lizard

**4) Does the animal gets scared by the main character approaching?**
a) yes, a lot
b) yes, it bites
c) yes, it runs away
d) no, it is calm
e) no, but hides away in the bush

**5) By the end what the main character thinks of this day?**
a) it was boring, nothing new
b) it was hard and now she's tired
c) can't wait to tell the students
d) it was scary
e) does not care at all

# Una visita inaspettata-An unexpected visit

### Riassunto

In una giornata molto calda il protagonista si prepara a passare una giornata tranquilla. Avrebbe letto un libro e bevuto caffè freddo prima di andare a lavoro. La sua giornata è però interrotta da una telefonata inaspettata da parte di suo fratello che dice che lo andrà a trovare proprio quel giorno. I due non si vedono da molto tempo nonostante fossero stati molto uniti negli anni passati. Il protagonista, svogliato raggiunge il fratello ed il nipote alla stazione dei treni. Quando i tre si trovano insieme il protagonista nota quanto il nipote che è adesso un ragazzo somigli a suo fratello quando aveva la sua età. Gli tornano alla mente tanti bei ricordi.

## Summary

During a very hot summer day, the main character is getting ready to spend a quiet day reading a book and drinking coffee before he has to go to work. But before he can really start to read a phone call arrives. It's his brother whom he has not heard from for a long time. He tells that he and his son are coming to visit. The main character is unhappy because his plans have been disrupted. But he then changes his mind when his nephew now a young man, brings back to him a lot of good memories.

Questa di cui vi racconto era una delle giornate più calde dell'anno. Dico sul serio, avevano anche annunciato al **telegiornale** che le temperature avrebbero superato la media per la stagione. Media già alta, inoltre. La giornalista delle nel suo completo bianco e nero elegantemente seduta nello studio televisivo sembrava immune all'afa che colpiva noi altri.

Immagino che questo sia l'effetto di un potente **impianto di raffreddamento**. Avrei tanto voluto essere anche io nello studio fresco e brillante, mentre mi alzavo, stordito dopo turno di lavoro di ieri notte.

Faccio il **barista** e ci sono molti aspetti del mio lavoro che mi piacciono, ma quello che stavo apprezzando particolarmente stamattina era, non dover uscire di casa nelle ore più calde ma solo nel tardo pomeriggio. Mentre il telegiornale continuava con la lista di avvenimenti della giornata, mi sono preparato un caffè (ovviamente **ghiacciato**).

Ancora assonnato, la mia tazza stretta in mano, ho cautamente aperto una finestra per guardare fuori. Quanta aria fresca sarebbe entrata se avessi aperto tutto? Non molta. L'aria fuori era ferma, il sole della prima mattina sembrava anche lui assonnato. Ho **socchiuso** la finestra e tirato la tenda. Dopo anni avevo perfezionato le tecniche per ottenere il massimo dal mio piccolo appartamento. Vado molto fiero della mia casa, nonostante sia piccola, è nel centro della città. Sono circondato da negozi, piccoli bar, pasticcerie e ristorantini.

Tutta la giornata posso sentire il **vociare** allegro della gente per strada.

Oltre alla mia camera da letto ho una piccola ma confortevole zona giorno, un bagno con la vasca da bagno più piccola mai esistita e uno studio. Non avendo una vera necessità di avere uno uno studio in casa uso la stanza come libreria. Le pareti sono coperte di scaffali in legno pieni di libri. Come forse avrete capito, mi piace leggere.

Questa era una di quelle giornate in cui mi aspettavo di accomodarmi e rilassarmi sul mio divano. La televisione a basso volume in **sottofondo** e la compagnia del mio caffè e un buon libro. Il mio turno al lavoro sarebbe iniziato solo molte ore dopo e questa non era certo la giornata adatta a passeggiare. All'ora di pranzo mi sarei goduto un leggero snack,

The one I'm telling you about was one of the hottest days of the year. Seriously, they even announced on the news that temperatures would be above average for the season. The average is high already, moreover. The news reporter in her black-and-white suit sitting elegantly in the TV studio seemed immune to the heat that gripped the rest of us.

I guess this is the effect of a powerful cooling system. I wished I was in the studio fresh and shiny too, as I got up, dazed after last night's work shift.

I'm a bartender and there are many aspects of my job that I like, but what I was particularly appreciating this morning was not having to leave the house in the hottest hours but only in the late afternoon. While the news continued with the list of events for the day, I made myself a coffee (obviously iced).

Still sleepy, my mug in hand, I gingerly opened a window to look out. How much fresh air would get in if you opened everything up? Not much.

The air outside was still, the early morning sun seemed sleepy too. I cracked the window and pulled the curtain. After years I had perfected the techniques to get the most out of my small apartment. I am very proud of my house, despite being small, it is in the very center of the city. I am surrounded by shops, small bars, bakeries, and restaurants.

All day long I can hear the cheerful voices of people on the street.

In addition to my bedroom, I have a small but comfortable living area, a bathroom with the smallest bathtub ever seen, and a study. Not having a real need to have a studio at home, I use the room as a library. The walls are lined with wooden shelves filled with books. As you may have guessed, I love to read.

This was one of those days where I expected to sit back and relax on my sofa. The low-volume television in the background and the company of my coffee and a good book. My shift at work would not start until many hours later and this was certainly not the day for strolling. I would have enjoyed a light snack at lunchtime,

sono un cuoco discreto, e magari un pisolino al pomeriggio. Avevo la giornata organizzata alla perfezione.

Almeno credevo. Mi ero seduto da non più di cinque minuti che ho sentito la suoneria del cellulare. La cosa mi ha colpito perché raramente qualcuno chiama, se uno qualunque dei miei amici mi deve dire qualcosa, di solito un **messaggio** o un audio sono sufficienti. Mi sono affrettato a rispondere, aspettandomi che forse sorto qualche problema al lavoro che andava comunicato velocemente. Ma il nome sullo schermo non era quello del mio capo, era invece mio fratello.

Mio fratello maggiore per essere precisi.

Non me lo aspettavo per niente. Io e mio fratello siamo cresciuti in una zona residenziale poco fuori dalla città. Avevamo un cane, un giardino con la staccionata, tutto quello che ci si aspetterebbe da una casa in quasi campagna.

Io e mio fratello abbiamo nove anni di differenza e nonostante questo, crescendo siamo sempre stati molto uniti. Mi ricordo ancora che lo seguivo **instancabilmente** per convincerlo a portarmi **a spasso** con i suoi amici più grandi. A volte riuscivo e a volte no. A ripensarci da adulto mio fratello era davvero molto paziente, quale studente delle superiori avrebbe accettato di portarsi appresso il fratellino? Inoltre quando non mi portava ero solito tenere il broncio sino a che non si faceva perdonare portandomi a mangiare il gelato. Insomma, crescendo, mio fratello era il mio eroe.

Nonostante questo con il passare del tempo ci siamo molto allontanati. Lui è andato via da casa dei nostri genitori per primo, si è trasferito un una città vicina dove ha cominciato a lavorare. Si è sposato e qualche anno dopo sua moglie ha dato alla luce il suo primo figlio. Intanto io passavo gli anni più difficili. Volevo trasferirmi in città, nella grande città, essere indipendente e tutte le cose di cui si sogna a quell'età. I miei genitori erano contrari, non ne volevano sapere di lasciarmi andare, mi vedevano ancora come un bambino. Ne sono nate litigate infinite e penso che mio fratello si sia allontanato anche per evitare di essere coinvolto nelle discussioni. Non nego di averla presa male, speravo che mi avrebbe sostenuto invece anche lui sembrava col suo silenzio considerarmi un irresponsabile.

I'm a decent cook, and perhaps an afternoon nap. I had the day organized to perfection.

At least that was what I believed. I had been sitting for no more than five minutes when I heard my cell phone ringing. This struck me because it is rare for anyone to call, if any of my friends have something to tell me, usually a message or audio is enough. I hurried to reply, expecting that perhaps, some problem arose at work that needed to be communicated quickly. But the name on the screen wasn't my boss's, it was my brother instead.

My older brother to be exact.

I wasn't expecting that at all. My brother and I grew up in a residential area just outside the city. We had a dog, a garden with a fence, everything one would expect from a house in the countryside.

My brother and I are nine years apart and despite this, growing up we have always been very close. I still remember following him tirelessly to get him to take me for a walk with his older friends. Sometimes I succeeded and sometimes I didn't. Looking back on it as an adult my brother was very patient, what high school student would have agreed to take his little brother with him? Also when he didn't take me I used to sulk until he made it up to me by taking me to eat ice cream. I mean, growing up, my brother was my hero.

Despite this, over time we have drifted far apart. He left our parents' house first and moved to a nearby town where he started working. He got married and a few years later his wife gave birth to their first child. Meanwhile, I was going through my most difficult years. I wanted to move to the city, the big city, to be independent and all the things you dream about at that age. My parents were against it, they didn't want to let me go, they still saw me as a child. Endless fights ensued and I think my brother also walked away to avoid getting involved in the arguments. I don't deny that I took it badly, I hoped he would have supported me instead he too seemed to confirm that I was irresponsible, with his silence.

Alla fine tutto si è risolto, ma la distanza tra noi è rimasta. Per questo motivo sono rimasto così stupido quando ho visto il suo nome sullo schermo del telefono. Non ci sentivamo da mesi, e non ci vedevamo da ancora più tempo!

Ho risposto

**-Pronto**, Carlo?

-Ciao Dario, appena sveglio eh, pigrone?

L'avrà capito dalla voce, come al solito a lui non sfugge niente.

-Si, entro a lavoro dopo, mi devi dire qualcosa? Va tutto bene?

-Si, stai tranquillo, va tutto bene, ho pensato di chiamare per avvisarti che stiamo salendo in treno. Io e Federico veniamo a trovarti, saremo alla stazione centrale in meno di un ora.

Questa era una novità!

Federico era il figlio di Dario, chiamato così in onore di nostro padre. L'ultima volta che l'ho visto era un bambino grassoccio che aveva appena imparato a camminare. Dario non era mai venuto a trovarmi. Ne lui ne la moglie amavano la vita di città, troppo frenetica. Ed in ogni caso lavoravano entrambi. Devo ammettere che in realtà non li avevo mai invitati. Ero molto geloso della mia routine, lavoro, amici, anche dormire sino a tardi. A questo punto Dario ha pronunciato le parole che temevo di più:

-Vieni a prenderci, tanto da casa tua si può arrivare a piedi, no?

Da casa mia si può arrivare tranquillamente alla stazione centrale andandoci a piedi. Se non fosse che col caldo che col caldo di oggi non avevo nessuna intenzione di uscire. Ma ormai era troppo tardi, prima di rendermene conto avevo preso appuntamento, tra meno di un'ora alla stazione.

Strascicando i piedi per terra, ho cercato di rimettere un po di ordine nel mio salotto, via le riviste dal pavimento, i vestiti dallo schienale del divano, la scatola di pizza dal tavolo. Mi sono vestito, ho indossato gli occhiali da sole ed era già ora di uscire. Ho messo il naso fuori dalla porta sentendomi come una talpa che emerge dalla terra. Il sole era ormai alto, la strada deserta, i piccoli locali tutti ancora chiusi e addormentati. A metà strada ho cominciato a sudare e a rimproverare mentalmente mio fratello per essersi

In the end, everything worked out, but the distance between us remained. This is why I was so amazed when I saw his name on my phone screen. We hadn't heard from each other for months, and we hadn't seen each other for even longer!

I answered

-Hello, Carlo?

-Hi Dario, you just woke up, lazy?

He must have understood it from my voice, as usual, nothing escapes him.

-Yes, I'll go to work later, do you have to tell me something? Is everything ok?

-Yes, don't worry, everything's fine, I thought I'd call to warn you that we're getting on the train. Federico and I are coming to see you, we will be at the central station in less than an hour.

This was new!

Federico was Dario's son, named in honor of our father. The last time I saw him he was a chubby little child who had just learned how to walk. Dario never came to see me. Neither he nor his wife loved city life, which was too hectic. And in any case, they both worked. I have to admit that I had never actually invited them. I was very jealous of my routine, work, friends, even sleeping late. At this point, Dario uttered the words I feared the most:

-Come and get us, you can get there on foot from your house, right?

From my house, you can easily get to the central station by walking. Except that with the heat of today, I had no intention of going out. But by then it was too late, before I knew it I had made an appointment, in less than an hour at the train station.

Dragging my feet on the floor, I tried to tidy up my living room, I took the magazines off the floor, the clothes off the back of the sofa, the pizza box off the table. I got dressed, put on my sunglasses and it was already time to go out. I poked my nose out the door feeling like a mole emerging from the ground. The sun was now high, the street deserted, the small clubs all still closed and asleep. Halfway through I started sweating and mentally scolding my brother for having such an idea. Now I could have been

fatto venire un idea così. Adesso avrei potuto essere comodamente a casa mia, col mio caffè, invece mi trovavo a trascinarmi nel mezzo di una strada assolata e deserta.

Sono arrivato alla stazione allo stesso momento del treno. La vicinanza dei vagoni faceva aumentare la temperatura ancora di più. Quando si sono aperte le porte del treno ho visto scendere un uomo che non ho riconosciuto seguito da un ragazzino alto con un cespuglio di capelli in testa. Ad una seconda occhiata ho realizzato. Mio fratello Dario e mio nipote Federico che non era più il bimbo **grassoccio** che ricordavo io.

Mi sono avvicinato a loro, ci siamo salutati, e per un attimo mi è sembrato di non riconoscerlo più mio fratello. Aveva qualche capello grigio sulla testa, la barba sempre curata e delle rughe attorno agli occhi che non ricordavo. Tutto felice ha esclamato:

-Allora, facci strada, oggi sarai la nostra guida!

Tutt'altro che entusiasta mi sono avviato con loro verso casa. Sentivo il sudore colarmi dalla fronte, la camicia di Dario era fradicia e gli si attaccava alla schiena. Mi sono girato indietro verso Federico chiedendomi come riuscisse a sopportare il caldo sotto quella massa di capelli disordinati. Quando siamo (finalmente) arrivati a casa li ho fatti accomodare, ho servito da bere, chiesto se volevano fare una doccia o mangiare qualcosa. Federico che sino a quel momento no aveva pronunciato neanche una parola ha chiesto

-Hai un **elastico** da prestarmi?

Lo sapevo! Impossibile andare in giro con quel cespuglio in testa. Mentre cercavo l'elastico mi sono soffermato a pensare come la vocetta da bambino fosse sparita per far posto a quella di un giovane uomo, come era passato in fretta il tempo!

Mentre Dario sorseggiava la sua limonata, Federico ha legato la lunga frangia via dalla faccia, e che faccia! Sotto l'ammasso di capelli c'era il sosia di mio fratello Dario. Era uguale a lui, proprio come lo ricordavo quando eravamo piccoli. La sorpresa probabilmente mi si leggeva in faccia, perché Dario si è messo a ridere. La sua risata era sempre la stessa. Mi sono tornati alla mente una marea di ricordi e ho cominciato a ridere anche io.

comfortably at home, with my coffee, but instead, I found myself dragging myself into the middle of a sunny and deserted street.

I arrived at the station at the same time as the train. The proximity of the train wagons made the temperature rise even more. When the train doors opened I saw a man I didn't recognize get off followed by a tall boy with a bush of hair on his head. At second glance I realized. My brother Dario and my nephew Federico who was no longer the chubby baby I remembered.

I approached them, we said hello, and for a moment it seemed to me that I couldn't recognize my brother anymore. He had a few gray hairs on his head, a well-groomed beard, and wrinkles around his eyes that I didn't remember. All happy he exclaimed:

-So, lead the way, today you will be our guide!

Far from enthusiastic, I set off with them toward home. I felt the sweat pouring down my forehead, Dario's shirt was soaked and stuck to his back. I turned back to Federico wondering how he could handle the heat under that mass of messy hair. When we (finally) got home I made them sit down, served those drinks, and asked if they wanted to take a shower or eat something. Federico, who until then hadn't uttered a single word, asked

-Do you have a rubber band I can borrow?

I knew it! It is impossible to walk around with that mountain of hair on your head. While I was looking for the hair tie, I stopped to think how the small voice of a child had disappeared to make room for that of a young man, how quickly time had passed!

While Dario sipped his lemonade, Federico tied his long bangs away from his face, and what a face! Under the curtain of hair was my Brother Dario's double. He was just like him, just as I remembered him when we were little. The surprise could probably be seen clearly on my face because Dario started laughing. His laugh was always the same. A flood of memories came back to me and I started laughing too.

Federico ci ha guardato come a chiedere cosa fosse saltato in mente a questi due vecchi.

Dario ha detto -Dopo vi porto a prendere un gelato!

Questa visita era stata inaspettata, ma non così sgradevole come pensavo.

Federico looked at us as if to ask what these two old men had come up with.

Dario said -Afterwards I'll take you for an ice cream!

This visit had been unexpected, but not as unpleasant as I thought.

## Vocabulary

**Inaspettata**: Unexpected
**Telegiornale**: TV news
**Impianto** di raffreddamento: Cooling sistem
**Barista**: Bartender
**Stamattina**: This morning
**Ghiacciato**: Frozen
**Socchiuso**: Ajar
**Vociare**: Chatter
**Sottofondo**: Background
**Messaggio**: Text message
**Instancabilmente**:
**A spasso**: On a ride/outing
**Pronto?**: Hello? (used to answer the phone)
**Grassoccio**: Chubby
**Elastico**: Hair tie

## Questions

**1) What is the main character doing at the beginning of the story?**
a) he's going to bed
b) he just woke up
c) he's taking a walk outside
d) He is at work
e) he is eating

**2) Where does the main character live?**
a) in the countryside
b) near the sea
c) in a big city
d) in a small town
e) in a big house

**3) Who is coming to visit the main character?**
a) his older brother
b) his younger brother
c) his best friend
d) his dad
e) his boss

**4) What does the main character think about the visit?**
a) he expected it
b) he expected it and is well organized
c) he did not expect it
d) he did not expect it but is immediately enthusiast
e) he did not expect it and is unhappy about it

**5) How does the story end?**
a) the main character does not meet with his brother
b) the main character meets with his brother and they fight
c) the main character meets his boss
d) the main character meets with is brother and is happy
e) the main character sleeps all the morning

# Il tesoro-The treasure

**Riassunto**

Uno studente appassionato di storia e di misteri siede in classe l'ultimo giorno di scuola. Immagina tutte le attività divertenti che svolgerà durante l'estate che sta per cominciare. Quando arriva a casa scopre che il nonno ha avuto un incidente e si è rotto una gamba. Lui e i genitori mettono da parte i progetti che avevano fatto e si trasferiscono dal nonno che vive in un antica casa sul lago. Il protagonista non è molto contento di passare l'estate in una località sperduta e teme di annoiarsi. Il nonno lo intrattiene raccontandogli storie e leggende sui luoghi in cui adesso si trova la casa. Questo lo porterà a fare un incredibile scoperta.

## Summary

A High School student who is very passionate about history and mysteries is sitting in class on the last day of school. He is thinking about all the fun activities he will partake in during the summer to come. When he gets home he discovers that his grandfather had a mishap and has a broken leg. The student and his parents, put aside their previous projects. They move in with the grandfather who lives in an old house near the lake. The main character is not enthusiastic about spending the summer there and he thinks it will be boring. The grandfather amuses him with stories and legends about the land. This will bring him to an incredible discovery.

Penso che ricorderò l'estate che è appena passata per il resto della vita. Proprio quando meno me lo aspettavo uno dei miei sogni più grandi si è realizzato.

Ma per raccontare che cosa è successo, devo iniziare dall'inizio.

Era il mio ultimo giorno di scuola del mio quarto anno di scuole superiori. Come tutti i miei **compagni di classe**, non ero molto concentrato negli ultimi giorni di lezione. Sentivo le raccomandazioni del mio professore di Latino in sottofondo, ma allo stesso tempo la mia mente vagava. Stavo già pensando a cosa avrei fatto con tutto quel tempo libero. Io e i miei amici saremmo sicuramente andati al mare. Inoltre la compagna di scuola che mi piace da quando sono al primo anno, frequenta il mio stesso **stabilimento balneare**. Un occasione d'oro per conoscerla meglio. Sarei andato a nuotare con le pinne lungo gli scogli, ad osservare coralli, pesci e grotte. Avevo anche convinto mio padre a portarmi con lui in barca, a visitare una grotta famosa perché si dice che fosse abitata dalle sirene. Però non ero del tutto disinteressato alla scuola. Anzi, sono sempre stato molto appassionato di Storia. Amo la mitologia Greca e Latina. Ma la mia vera passione sono sempre state le storie d'avventura. In particolare tutte le storie di marinai e soprattutto, pirati. Sin da piccolo ho letto storie di antichi esploratori che scoprivano misteriose città coperte d'oro nascoste nella giungla. Mappe trovate in una soffitta **polverosa**, che guidano i protagonisti all'avventura. Leggende di pirati che nascondono i loro tesori in una grotta segreta, su un'isola dell'Oceano Atlantico. **Relitti** dispersi di marinai che si sono spinti troppo lontano e nessuno li ha mai più ritrovati. Se c'è un libro o un film che contiene qualcuno di questi elementi, potete stare certi, io lo conosco.

Mentre pensavo così la **campanella** è suonata, segnalando la fine della lezione e della giornata scolastica. Ho preso l'autobus che mi avrebbe portato a casa, sfidando il caldo alla fermata e il caldo ancora più intenso all'interno dell'autobus. Ma nulla poteva scoraggiarmi, ero troppo entusiasta per la fine della scuola.

A casa ho lasciato cadere lo zaino sul pavimento della mia stanza. Ho notato che c'era più silenzio del solito,

I think I will remember the summer that just passed for the rest of my life. Because just when I least expected it, one of my biggest dreams come true.

But to tell you what happened, I have to start at the beginning.

It was my last day of school in my fourth year of high school. Like all my classmates, I wasn't very focused on the last few days of class. I could hear my Latin teacher's recommendations in the background, but at the same time, my mind wandered. I was already thinking about what I was going to do with all that free time. My friends and I would definitely go to the sea. In addition, the schoolmate that I've liked since I've been in the first year goes to the same bathhouse as me. A golden opportunity to get to know her better. I would have gone swimming with fins along the rocks, to observe corals, fish and caves. I had also convinced my father to take me with him on a boat, to visit a famous cave because it is said to be inhabited by mermaids. But I wasn't entirely disinterested in school. Indeed, I have always been very passionate about history. I love Greek and Latin mythology. But my true passion has always been adventure stories. In particular all the stories of sailors and above all, pirates. From an early age, I was reading stories of ancient explorers discovering mysterious gold-covered cities hidden in the jungle. Maps are found in a dusty attic, which will guide the protagonists on an adventure. Legends of pirates who hide their treasures in a secret cave on an island in the Atlantic Ocean.
Scattered wrecks of sailors who went too far and were never found again. If there is a book or film that contains any of these elements, rest assured, I know it.

While I was thinking this the bell rang, signaling the end of class and the school day. I took the bus that would take me home, challenging the heat at the stop and the even more intense heat inside the bus. But nothing could discourage me, I was too excited about being done with school.

At home I dropped my backpack on the floor of my room. I noticed that it was quieter than usual,

sono andato in salotto dove mia mamma parlava al telefono in modo concitato e mio padre seduto in silenzio accanto a lei stava a sentire. Sembravano entrambi preoccupati, i visi seri, ho aspettato che la **telefonata** si fosse conclusa. Naturalmente appena ho potuto ho cominciato a fare domande, e naturalmente mi sono arrivate le risposte.

Mentre sedevamo al tavolo della cucina, davanti a un piatto di insalata di riso. A quanto pareva, mio nonno, il papà di mia mamma, aveva fatto una brutta caduta. Nulla di troppo grave, ma aveva una gamba ingessata e i dottori avevano ordinato riposo assoluto. Sarebbe stato dimesso dall'ospedale la mattina successiva. La mamma era molto preoccupata, non aveva toccato cibo.

Vedete, mio nonno anche se la mamma non è d'accordo, vive da solo nella sua grande casa sul lago. Lontana dal centro abitato, con poca ricezione telefonica, circondata solo dalla natura e poche altre abitazioni sparse. Nonostante l'età nessuno ha mai visto mio nonno stare fermo. Cura l'orto, pesca sul lago, va in bicicletta sino al **paesino**, aggiusta il tetto, aiuta i vicini a raccogliere l'uva. I miei genitori vorrebbero che si trasferisse in città, vicino a noi, al sicuro da eventuali infortuni.

Dopo pranzo abbiamo fatto velocemente le valige, i progetti per l'estate erano cambiati. Saremmo andati tutti a stare qualche mese a casa del nonno sul lago, per aiutarlo ed assicurarci che rispettasse le indicazioni del dottore. Tutti i miei piani di avventure e stabilimenti balneari con gli ombrelloni bianchi e verdi erano sfumati. Addio amici, addio storie d'amore, addio esplorazioni della barriera corallina. Va bene, forse è un po' eccessivo, ma vi siete fatti un'idea.

La casa del nonno era vecchia, le pareti erano spesse, l'interno era sempre fresco, non importa quanto caldo fosse fuori. Era una casa grande, con tante stanze e corridoi ma niente televisione o connessione ad internet. Abbiamo sistemato il nonno, **imbronciato**, nella sua camera dal grande letto. La mamma ha cercato di rendere la stanza più accogliente possibile, ma il nonno non faceva che lamentarsi dell'immobilità forzata, della posizione scomoda, dei medici.

I went into the living room where my mom was talking fast on the phone and my dad sitting next to her in silence, was listening. They both seemed worried, their faces serious, I waited for the phone call to end. Naturally, as soon as I could, I started asking questions, and of course the answers came to me.

As we sat at the kitchen table, over a plate of rice salad. Apparently, my grandfather, my mom's dad, had had a bad fall. Nothing too serious, but stuck with a leg in a cast and the doctors had ordered him complete rest. He would be released from the hospital the next morning. Mom was very worried, she hadn't touched the food.

You see, my grandfather even though mom doesn't agree with the idea, lives alone in his big lake house. Far from the town, with little telephone reception, surrounded only by nature and a few other scattered houses. Despite his age, no one has ever seen my grandfather stand still. He takes care of the garden, fishes on the lake, rides a bike to the village, fixes the roof, and helps the neighbors pick grapes. My parents would like him to move to the city, close to us, safe from injuries.

After lunch we quickly packed our bags, the plans for the summer had changed. We were all going to stay a few months at my grandfather's house on the lake, to help him and make sure he complied with the doctor's instructions. All my plans of adventures and beach clubs with green and white umbrellas were gone. Goodbye friends, goodbye romance, goodbye reef exploration. Okay, maybe that's a bit excessive, but you get the idea.

Grandfather's house was old, the walls were thick, and the inside was always cool, no matter how hot it was outside. It was a large house, with many rooms and corridors but no television or internet connection. We settled my grandfather, who was sulking, in his room with the big bed. My mom tried to make the room as welcoming as possible, but Grandpa kept complaining about the forced immobility, the uncomfortable position, and the doctors.

Io condividevo il broncio del nonno: non avevo niente da fare, non avevo nessuno da vedere, già mi aspettavo dei mesi noiosi.

Una mattina ero seduto sul bordo del letto del nonno (era il mio turno di fargli compagnia) e devo aver sospirato tanto da fargli chiedere

-Va tutto bene?

A questo punto ho deciso di raccontargli quello che già vi ho detto sulla mia estate.

Il nonno ha pensato un poco e ha risposto:

-Anche io mi annoio, facciamo così, ti racconto una storia e ci distraiamo entrambi.

All'inizio ero incerto, non ero più un bambino a cui si raccontano le favole. Ma ho accettato e il nonno mi ha stupito. L'anziano signore conosceva perfettamente la storia locale. Guerre tra **feudatari**, **briganti** nascosti nel bosco, intrighi e tradimenti tra signori locali. Tra tutte le storie che il nonno mi ha raccontato in quei mesi, una mi ha colpito più di tutte e non potevo smettere di pensarci.

Si diceva che un generale, una volta disertato l'esercito, fosse venuto a nascondersi proprio in questi luoghi che al tempo erano ancora più remoti. Ma non solo, il **fuggitivo** aveva portato con se tutte le sue ricchezze in un baule, che aveva sepolto in riva al lago. Non potete immaginare il mio entusiasmo! Quando il nonno mi ha raccontato tutto quello che sapeva ho deciso di scoprire ancora di più. Con la bicicletta sono arrivato nel piccolo paese e in biblioteca ho studiato tutti i libri su questo argomento. Una volta raccolte tutte queste informazioni ero sicuro di poter trovare il tesoro.

Tutta questa attività mi ha tenuto molto impegnato, ho scavato per mesi sulle rive del lago, come un archeologo. Purtroppo però non ho trovato nessun tesoro. Un giorno dopo l'altro l'estate è passata in fretta. Il mese di Settembre è arrivato, il nonno era finalmente stato liberato dal gesso e riprendeva la sua vita come al solito.

Il giorno che io e i miei genitori avevamo deciso di tornare a casa il nonno mi ha svegliato presto e mi ha chiesto:

-Vuoi scendere sino al lago a vedere l'alba?

I shared my grandfather's dissatisfaction: I had nothing to do, I had no one to see, I was already expecting a few boring months.

One morning I was sitting on the edge of my grandfather's bed (it was my turn to keep him company) and I must have sighed enough to make him ask

-Everything is fine?

At this point I decided to tell him what I have already told you about my summer.

Grandpa thought for a while and answered:

-I'm bored too, let's do this, I'll tell you a story and we'll both get distracted.

At first I was uncertain, I was no longer a child to be told fairy tales. But I accepted and Grandpa actually amazed me. The old gentleman knew the local history perfectly. Wars between feudal lords, bandits hidden in the woods, intrigues and betrayals between local lords. Of all the stories my grandfather told me in those months, one struck me the most and I couldn't stop thinking about it.

It was said that a general, once deserted from the army, had come to hide in these places which at the time were even more remote. But not only that, the fugitive had brought all his wealth with him in a trunk, which he then buried by the lake. You can't imagine my enthusiasm! When Grandpa told me everything he knew I decided to find out even more. I arrived in the small town by bicycle and in the library I studied all the books on this subject. Once I gathered all the information and I was sure I could find the treasure.

All this activity kept me very busy, I dug for months on the shores of the lake, like an archaeologist. Unfortunately, however, I haven't found any treasure. One day after another, summer passed, quickly. The month of September arrived, my grandpa had finally been freed from the cast and resumed his life as usual.

The day my parents and I decided to go home, my grandfather woke me up early and asked me:

-Do you want to go down to the lake to see the sunrise?

Devo dire che mi ero molto **affezionato** al nonno in quei mesi ed ho accettato subito.

La mattina era bellissima. Il cielo color lilla e celeste l'erba ancora coperta di gocce di rugiada, un vento leggero e profumato. Davanti a noi c'era il lago. Con i resti delle buche che avevo scavato. Il livello dell'acqua si era abbassato dopo la lunga estate calda. In una delle buche che avevo iniziato a scavare e poi abbandonato, l'acqua aveva trascinato via l'ultimo strato di fango e dalla sabbia emergeva lo spigolo coperto d'argento di un grosso **baule**.

I must say that I grew very fond of my grandfather in those months and I accepted immediately.

The morning was beautiful. The lilac and light blue sky, the grass still covered with dewdrops, light and perfumed wind. Before us was the lake. With the remains of the holes I had dug. The water level had dropped after the long hot summer. In one of the holes that I had begun to dig and then abandoned, the water had washed away the last layer of mud and the silver-covered edge of a large chest emerged from the sand.

## Vocabulary

**Compagni di classe**: Classmates
**Stabilimento balneare**: Bath House
**Pinne**: Flippers
**Polverosa**: Dusty
**Relitti**: Ship Wreck
**Campanella**: School Bell
**Telefonata**: Phone Call
**Paesino**: Small Village
**Imbronciato**: Sulky
**Feudatari**: Feudal Lords
**Briganti**: Bandits
**Fuggitivo**: Fugitive
**Affezionato**: Fond
**Baule**: Trunk

## Questions

**1) Where the main character is at the beginning of the story?**
a) in school
b) at home
c) to the beach
d) at work
e) at his friend's house

**2) What is he passionate about?**
a) math
b) nothing in particular
c) history
d) fishing
e) Latin

**3) What did he want to do during the summer holidays?**
a) go mountain climbing
b) sleep all-day
c) eat ice cream
d) travel on a plane
e) go to the beach

**4) Who has gotten into an accident?**
a) the mom
b) the dad
c) the grandmother
d) the grandfather
e) the protagonist

## 5) What happens by the end?
a) the main character falls in the lake
b) the main character goes home alone
c) the main character finds a treasure
d) the father finds a treasure
e) none of the above

# Alice

## Riassunto

La protagonista ci racconta come ha conosciuto la sua migliore amica. Tanti anni prima, quando era bambina, si era trasferita a vivere nel suo stesso palazzo e dopo essersi incontrate al parco le due sono diventate inseparabili. Sono cresciute insieme come sorelle. Hanno frequentato le stesse scuole e condiviso tante cose mentre diventavano grandi. La protagonista ricorda molto felicemente quegli anni.

Ci racconta poi di come la loro vita sia adesso molto diversa perché tutte e due sono adulte e hanno una loro famiglia e lavoro. La protagonista proprio mentre è al lavoro si accorge di avere dimenticato il compleanno della migliore amica e corre a farle gli auguri.

## Summary

The protagonist of the story tells us about how she met her best friend. Many years earlier, when she was still a child, she moved into the same building as her. After a lucky meeting in the park, the two girls became inseparable. They grew up together as if they were sisters. They went to the same schools and shared everything, fun and not as fun, as they grew up. The protagonist remembers those years very happily. She then tells us about how their lives are now different from the way things were then because they both are adults and have their own families and jobs. The protagonist realizes that she has forgotten her best friend's birthday is today. She then rushes to wish her a Happy Birthday.

Io e Alice ci conosciamo da sempre.

Adesso siamo entrambe sposate e con figli, io ho un maschio e lei una femmina. Ma quando ci siamo incontrate la prima volta io facevo le scuole elementari e con i miei genitori mi ero trasferita nello stesso palazzo in cui vivevano Alice e la sua famiglia.

Ricordo che ero molto felice della nuova casa perché proprio davanti c'era un parco, uno dei più grandi della città. Il parco era bellissimo, completo di **altalene**, stagno con le anatre e fontanelle dell'acqua.

Un pomeriggio ero vicino allo stagno, con mia mamma e mio fratello più piccolo, che allora era un neonato. Data l'età mio fratello non era un compagno di giochi molto divertente, anche se ero felice perché grazie alla sua nascita ci siamo dovuti trasferire in una casa più grande. Però intanto, io mi annoiavo e guardavo gli altri bambini che correvano e ridevano. Tutti sembravano essere occupati, e anche se avrei tanto voluto, non sapevo come attirare la loro attenzione.

A un certo punto tra la folla di ragazzini che giocavano, e genitori che prendevano il sole, avevo notato un altra bambina, più o meno della mia età, anche lei da sola. Stava ferma tenendo in mano un secchiello e una paletta di plastica gialla. Aveva i capelli scuri e la **coda di cavallo**. Proprio come me, non era impegnata in nessuna attività, se ne stava ferma a guardare verso di noi. Mi sono girata verso la mamma come per chiedere:

-Che faccio?

Lei con un sorriso mi ha detto:

-Vai a chiederle come si chiama!

Così mi sono avvicinata e quando le ho chiesto il nome, la bambina mi ha fatto un grande sorriso, da cui mancava un dente e ha risposto:

-Alice!

Non mi sarei mai potuta immaginare che io e Alice saremmo state amiche per i successivi vent'anni.

Siamo cresciute insieme, proprio come sorelle. Facevamo tutto insieme, lei abitava al piano di sopra, l'**appartamento** era proprio come il nostro ma con mobili diversi e con un fratellino chiassoso in meno! Quando mi veniva a trovare, avevamo sempre tante cose divertenti da fare.

Alice and I have known each other since forever.

Now we are both married and with children, I have a boy and she has a girl. But when we met for the first time I was in elementary school and with my parents I moved into the same building where Alice and her family lived.

I remember being very happy with the new house because there was a park right in front of it, one of the biggest parks in the city. The park was beautiful, complete with swings, a duck pond, and water fountains.

One afternoon I was by the pond with my mom and my younger brother, who was then a small baby. Given my age, my brother was not a very fun playmate, although I was happy because, thanks to his birth, we had to move to a bigger house. But in the meantime, I was bored and watched the other children running around and laughing. Everyone seemed to be busy, and although I wished to, I didn't know how to get their attention.

Then in the crowd of kids playing and parents sunbathing, I noticed another little girl, more or less my age, also alone. She stood holding a yellow plastic bucket and a small plastic shovel. She had dark hair and a ponytail. Just like me, she was not engaged in any activity, she was just standing and looking our way. I turned to my mother as if to ask:

-What do I do?

She said to me with a smile:

-Go ask her what her name is!

So I approached her and when I asked her name, the little girl gave me a big smile, from which a front tooth was missing and replied:

-Alice!

I never could have imagined that Alice and I would be friends for the next twenty years.

We grew up together, just like sisters. We did everything together, she lived upstairs, the apartment was just like ours but with different furniture and with one less noisy little brother!

When she came to see me, we always had so many fun things to do.

Quando non veniva a trovarmi, andavo io da lei.

Abbiamo frequentato le scuole elementari insieme andavamo insieme al parco a lanciare il pane alle anatre e tutti i fine settimana ci ritrovavamo per vedere qualche film insieme. Siamo andate alle stesse scuole medie e la prima volta che ha preso un brutto voto, Alice è venuta a nascondersi sotto al mio letto, perché non voleva dirlo ai genitori. Abbiamo frequentato le scuole superiori insieme e la mattina prendevamo lo stesso autobus. Quando ero troppo lenta a vestirmi e rischiavo di far perdere la corsa ad entrambe, mia mamma che la considerava come una seconda figlia, la lasciava entrare in casa e Alice veniva a bussare alla porta della mia camera, gridandomi che ero una dormigliona e di fare più in fretta. Naturalmente Alice è stata la prima a sapere del ragazzo che avevo incontrato all'università. Le avevo raccontato tutta felice che mi piaceva tanto e allora non lo sapevo ma sarebbe poi diventato mio marito.

Avevamo tante piccole tradizioni: i pigiama party, andare a vedere le vetrine del centro, ascoltare musica in camera, studiare al parco sedute sul prato, mangiare la pizza nel **piccolissimo** localino poco distante da casa. Non è che non abbiamo mai litigato, anzi, abbiamo litigato tante volte! Fiumi di **lacrime** sono stati versati da una parte e dall'altra, ma devo dire che non si è mai trattato di litigi seri. Dopo qualche giorno avevamo fatto pace.

Mi piacerebbe dire che le cose non sono cambiate ma non sarebbe corretto. L'altro giorno ero seduta alla **scrivania** del mio **ufficio**. Tra un cliente e l'altro stavo aggiornando la mia agenda. Prendo nota di tutti i miei impegni regolarmente. So per esperienza che se ogni appuntamento non è segnato significa che rischio di arrivare in ritardo o di dimenticarlo del tutto. Ho una grande **agenda** dalla copertina grigia e blu dove prendo nota di tutto. Quel giorno stavo controllando quali impegni avevo per la settimana e in modo particolare per la giornata. Tutto era elencato chiaramente sulla pagina ordinatamente suddivisa in righe. Nonostante questo, più guardavo la pagina più avevo la sensazione di avere dimenticato qualcosa. Ho ricontrollato tutto da cima a fondo. Ho chiesto alla segretaria se c'era qualche appuntamento che non avevo segnato.

When she was not visiting me, I would go to her.

We attended elementary school together, we went to the park together to throw bread at the ducks and we met every weekend to watch a few movies together. We went to the same middle school and the first time she got a bad grade, Alice came and hid under my bed because she didn't want to tell her parents. We went to high school together and took the same bus in the morning. When I was too slow to get dressed and risked making both of us late, my mother, who regarded her as a second daughter, let her in the house and Alice came to knock on my bedroom door, shouting at me that I was too lazy and to go faster. Of course Alice was the first to know about the boy I had met at my university. I had happily told her that I liked him so much, I didn't know it at the time, but he would later become my husband.

We had many small traditions me and Alice: pajama parties, going window shopping in central city, listening to music in my room, studying in the park sitting on the grass, and eating pizza in the tiny little pizza place not far from home. It's not that we've never fought, actually, we've fought many times! Rivers of tears were shed on both sides, but I must say that it was never a question of serious disagreements. After a few days we always made up.

I'd like to say things haven't changed but that wouldn't be correct. The other day I was sitting at a desk in my office. In between clients, I was updating my agenda. I take note of all my commitments regularly. I know from experience that if every appointment is not marked it means that I risk being late or forgetting it altogether. I have a large calendar with a gray and blue cover where I write down everything. That day I was checking what commitments I had for the week and especially for the day. Everything was listed clearly on the neatly lined page. Despite this, the more I looked at the page the more I felt like I forgot something. I double-checked everything from top to bottom. I called and asked the secretary if there was any appointment I hadn't written down.

Non c'era nessun nuovo appuntamento. Ho telefonato a mio figlio, per accertarmi che non avesse bisogno di un passaggio, forse avevano spostato le **lezioni di nuoto**? Ma niente, la lista non mentiva. Tutto era segnato come sempre. Però la sensazione di aver dimenticato qualcosa non mi lasciava. Ho pensato che potesse essere un segnale del fatto che ero troppo stressata. Ho deciso di fare la mia pausa pranzo prima del solito. Ho chiuso l'agenda. Controllato le mail un' ultima volta e salutato i miei colleghi. Sono andata come al solito a mangiare nella piccola zona a disposizione degli impiegati, dell'edificio in cui lavoro. Piccolo ma molto curata e moderna. Con le sedie e i **tavolini** bianchi dalle linee geometriche, finestre alte e strette che danno sull'esterno. Seduta al mio tavolino mi sono accorta di non avere con me la borsa in cui porto di solito il pranzo da casa. Ecco cosa dovevo aver dimenticato! Sicuramente era questo. Finalmente chiarito il mistero mi sono complimentata con me stessa per essere uscita un po prima e sono uscita dall'edifico per comprare un pranzo pronto.

Fuori una leggera **brezza** gradevole faceva rotolare le foglie sul marciapiede. Il sole a momenti coperto dalle nuvole e a volte no mi scaldava gradevolmente. Ho deciso che avrei mangiato all'aperto. Mi sono seduta a un tavolino esterno di un piccolo bar pieno di clienti ed ho pazientemente aspettato di ordinare. Mentre aspettavo però la sensazione di aver dimenticato qualcosa è tornata più forte di prima. Ho controllato di avere con me il portafogli, il cellulare, la mia carta d'identità. Tutto era in ordine. Allora perché continuavo ad avere quella strana sensazione? Mentre pensavo e aspettavo che la cameriera arrivasse a prendere il mio ordine la mia attenzione è stata attirata dalle persone sedute al tavolo vicino al mio, cantavano buon compleanno a un ragazzo seduto al centro al quale la cameriera stava portando una torta con la panna.

Ho pensato che fosse una scena davvero carina.

Ma poi ho quasi fatto un salto sulla sedia.

Avevo capito che cosa continuava a disturbarmi quella mattina. Non avevo dimenticato il portafogli, non avevo dimenticato una lezione di nuoto ne avevo dimenticato un appuntamento o un cliente. Tutto questo non aveva niente a che fare con i miei impegni quotidiani.

There was no new appointment. I phoned my son, to make sure he didn't need a lift, maybe they had moved the swimming lessons? But no, the list didn't lie. Everything was marked as always. But the feeling of having forgotten something did not leave me. I thought it might be a sign that I was too stressed. I decided to have my lunch break earlier than usual. I closed the agenda. Checked my emails one last time and said bye to my colleagues. As usual, I went to eat in the small area available to employees in the building where I work. Small but very well cared for and modern. With white chairs and tables with geometric lines, and tall narrow windows looking outside. Sitting at my table, I realized I didn't have the bag I usually carry my lunch from home with me. Here's what I must have forgotten! Surely this was it. Finally clarified the mystery, I congratulated myself for having gone out a little earlier and I went out of the building to buy a ready-made lunch.

Outside, a pleasant light breeze was rolling the leaves onto the sidewalk. The sun sometimes covered by clouds and sometimes free, kept me pleasantly warm. I decided that I would eat outdoors. I sat at a table outside a small bar full of customers and patiently waited to order. While I was waiting, however, the feeling of having forgotten something came back stronger than before. I checked that I had my wallet, cell phone, my identity card with me. Everything was in order. So why did I keep getting that weird feeling? While thinking and waiting for the waitress to come over to take my order my attention was drawn to the people sitting at the table next to mine singing happy birthday to a boy sitting in the center to whom the waitress was bringing a cake with cream.

I thought it was a really cute scene.

But then I almost jumped off my seat.

I understood what kept bothering me that morning. I hadn't forgotten my wallet, I hadn't forgotten a swimming lesson, I hadn't forgotten an appointment or a client. This had nothing to do with my daily schedule.

Quello che avevo dimenticato sino a quel momento era il compleanno di Alice. Se i ragazzi del tavolo accanto non avessero cominciato a cantare chissà se mi sarei ricordata? Era sto un colpo di fortuna. Inoltre quando ho cominciato a pensarci bene mi sono resa conto che non solo avevo dimenticato che oggi era il compleanno di Alice. Era anche passato almeno un mese dall'ultima volta che le avevo parlato. Che pasticcio, un impegno dopo l'altro mi ero dimenticata della mia amica di una vita. Abbiamo sempre festeggiato tutti i compleanni e questa volta non le avevo neanche mandato un messaggio. La cameriera si è avvicinata al mio tavolo chiedendomi se volevo ordinare ma io sono saltata su dalla sedia e le ho risposto di no. Ho afferrato la borsa e sono corsa alla macchina più veloce che potevo visto i tacchi alti. Non mi sono fermata neanche a telefonarle prima, ho guidato direttamente sino al lavoro di Alice.

Per fortuna dove si trovava lo ricordavo e appena arrivata ho visto un viso familiare che usciva dal **portone** per dirigersi verso la macchina. Alice stava andando a casa e guardandola da lontano mi è sembrato di non conoscere più quella donna elegante che era stata una volta la mia amica più stretta. Ho cominciato a sbracciarmi per attirare la sua attenzione e appena mi ha visto ho notato la sorpresa sul suo volto. Sono corsa ad invitarla a pranzo con me, avremmo ordinato una bella torta con la panna e le avrei anche cantato tanti auguri per farmi perdonare della dimenticanza. Ho pensato con quanta facilità ci si dimentica delle cose più importanti quando no gli si dedica la giusta attenzione.

What I had forgotten until then was Alice's birthday. If the people at the next table hadn't started singing who knows if I would have remembered? It was a stroke of luck. Also when I started to think about it I realized that not only had I forgotten that today was Alice's birthday. It had also been at least a month since I last spoke to her. What a mess, one commitment after another I had forgotten about my lifelong friend. We always celebrated all birthdays and this time I hadn't even texted her. The waitress came up to my table asking if I wanted to order but I jumped up from my chair and told her no. I grabbed my purse and ran to the car as fast as I could in high heels. I didn't even stop to call her first, I drove straight to Alice's work.

Luckily I remembered where it was and as soon as I arrived I saw a familiar face coming out of the door to head towards the car. Alice was on her way home and looking at her from a distance it seemed to me that I no longer knew the elegant woman who had once been my closest friend. I started waving to get her attention and as soon as he saw me I noticed the surprise on her face. I ran to invite her to have lunch with me. We would have ordered a nice cake with whipped cream and I would have also sung her happy birthday to make up for my forgetfulness. I thought about how easily we forget the most important things when we don't give them the right attention.

## Vocabulary

**Altalene**: Play Swings
**Coda** di cavallo: Ponytail
**Appartamento**: Flat
**Piccolissimo**: Very small
**Lacrime**: Tears
**Scrivania**: Desk
**Agenda**: Personal organizer
**Ufficio**: Office
**Lezioni di nuoto**: Swimming lessons
**Tavolini**: Small tables
**Brezza**: Breeze
**Portone**: Doorway / Entryway

## Questions

**1) Where did the two friends meet the very first time?**
a) on vacation
b) in school
c) at the park
d) at home
e) at work

**2) Does the protagonist want a friend?**
a) yes, but she never finds one
b) yes and she meets one
c) no, her mom tells her to make friends
d) no, she is playing whit her brother
e) she doesn't care

**3) What do the two friends do to pass the time?**
a) they play sports
b) they travel
c) they bake cakes
d) they ride on a motorcycle
e) they listen to music

**4) Where do the two friends live?**
a) in a small village
b) on a boat
c) in a city
d) in the countryside
e) in a castle

**5) What is it, that the main character was almost, forgetting about?**
a) her best friend's birthday
b) her son's birthday
c) her wallet
d) her own birthday
e) an appointment

# Il barbecue-The barbecue

## Riassunto

La storia parla di come tutti gli anni una famiglia numerosa si riunisce per passare la giornata tutti insieme. Approfittando del bel tempo tutti aiutano ad organizzare un grande barbecue in giardino. Ognuno porta o prepara qualcosa da mangiare per l'occasione ed aiuta a preparare il pranzo. Quest'anno è stato molto piovoso e la giornata viene quasi annullata per questo motivo. Mentre tutti erano in in giardino godendosi l'aria aperta è arrivato un temporale. Gli ospiti si sono dovuti riparare dentro la casa velocemente. Ma per fortuna così come è arrivato il temporale è passato e la festa ha potuto riprendere.

## Summary

This story is about how every year a large family gets together to have a barbecue and have fun. Since the weather in spring is usually very nice, everyone helps organize a big barbecue in the garden. Every guest brings or cooks something for the day and helps set everything up. But this year was unusually rainy and cold. Because of this reason, the barbecue is almost canceled. While the guests were in the garden a storm arrived and they had to quickly get inside the house. But luckily the storm passed as fast as it arrived and the party was able to resume.

Tutti gli anni quando arriva la primavera la mia famiglia organizza un barbecue in giardino. Parenti ed amici sono invitati a casa dei miei genitori che hanno un **cortile** molto grande, che può ospitare comodamente tutti quanti. Si entra attraverso un alto cancello di **legno**. Il giorno del barbecue lo lasciamo aperto per tutta la giornata, perché gli ospiti sono davvero tanti.

Ci sono tre grandi tavoli di tavole in legno chiaro. Due per gli ospiti e uno per sistemare tutte le pietanze. Ognuno porta qualcosa, pasta, pasta al forno, patate, riso, la carne ovviamente si cuoce sul barbecue e si arrostiscono anche melanzane, **zucchine**, pomodori. Insomma, la lista potrebbe continuare. Il mio momento preferito è quello in cui si tirano fuori i **dolci**: torte, gelato, biscotti, **macedonia** con la panna. Tutto delizioso.

Oltre ad essere una bella occasione per mangiare e rilassarsi da la possibilità di riunirsi. Non tutti hanno molto tempo, le ferie di uno non coincidono mai con quelle dell'altro. Mia sorella va in vacanza ad Agosto il mio amico Carlo va in vacanza a Settembre, sua moglie Gina ha una settimana libera a Giugno. I cugini che vengono da un altra città hanno bisogno di almeno un mese e mezzo di preavviso prima di organizzare! Per questo motivo si tratta di una giornata in grande con tante cose da fare, in cui tutti trovano il tempo per partecipare ed aiutare. In particolare quest'anno per poco non abbiamo dovuto annullare tutto. Trovare una data in cui tutti gli ospiti erano liberi non è stato facile, ma alla fine tutti vogliono godersi la giornata e quindi si trova sempre un accordo. Il grande problema di quest'anno è stata la pioggia. La primavera di solito è calda e asciutta. Il sole che presto diventerà estivo brilla su un fiorire di piante e **alberi da frutto**. Ma questa volta il meteo non è stato d'aiuto, anzi, tutto il contrario. Giorno dopo giorno la pioggia continuava a scendere, nonostante la primavera ormai **inoltrata**.

La data del barbecue era stata fissata ma ogni giorno, andando al lavoro notavo il cielo grigio e il freddo pungente di prima mattina. La data si avvicinava e i miei genitori determinati a non rinunciare ai loro piani, hanno cominciato a posizionare i tavoli per gli **ospiti** nel cortile.

Every year when spring comes my family organizes a barbecue in the garden. Relatives and friends are invited to my parents' house which has a very large courtyard, which can comfortably accommodate everyone. You enter through a tall wooden gate. On the day of the barbecue, we leave it open all day long, because there are so many guests coming and going.

There are three large tables of light wood planks. Two for guests and one to arrange all dishes. Everyone brings something, pasta, baked pasta, potatoes, rice, meat of course is cooked on the barbecue, and eggplant, zucchini, and tomatoes are also roasted. In short, the list could go on. My favorite moment is when the dessert comes out: cakes, ice cream, biscuits, fruit salad with whipped cream. All delicious.

In addition to being a nice opportunity to eat and relax, it gives us the opportunity to get together. Not everyone has much time, one's holidays never coincide with those of the other. My sister goes on vacation in August, my friend Carlo goes on vacation in September, his wife Gina has a week off in June. Cousins coming from another city need at least a month and a half notice before planning! For this reason it is a great day with many things to do, where everyone finds time to participate and help. Especially this year we almost had to cancel everything. Finding a date where all the guests were free was not easy, but in the end everyone wants to enjoy the day and therefore an agreement is always found. The big problem this year was the rain. Spring is usually warm and dry. The sun that will soon become summer shines on a blossoming of plants and fruit trees. But this time the weather didn't help, quite the contrary. Day after day the rain continued to fall, despite the now-advanced spring.

The date for the barbecue had been chosen but every day on my way to work, I noticed the gray skies and the bitter cold in the early morning. The date was approaching and my parents determined not to give up on their plans, started setting up tables for the guests in the courtyard.

Li hanno dovuti coprire con dei grandi teli di plastica perché solo poche ore dopo la pioggia ha ricominciato a scendere. Alla fine il giorno del barbecue è arrivato e con grande sollievo di tutti il cielo era azzurro. Neanche una nuvola o una goccia di pioggia. Ho tirato un sospiro di sollievo e poco a poco gli ospiti hanno cominciato ad arrivare. Alcuni aiutavano a portare fuori le sedie, io e le mie cugine abbiamo apparecchiato, il tavolo accanto al barbecue si riempiva di pietanze e qualcuno aveva acceso la radio così una leggera musica faceva da sottofondo al vocio generale e alle urla dei bambini che giocavano, correndo come frecce da una parte all'altra. Mio padre osservava l'enorme barbecue con aria seria e concentrata, a lui e ai suoi fidati aiutanti andava il compito di arrostire e condire nel modo corretto. Si tratta di una grande responsabilità quando si hanno così tanti giudici. Io mi sono presentata con una grande **teglia** piena di dolcetti alla mandorla, come vi ho detto il dolce è la mia parte preferita inoltre devo ammettere che questa è l'unica ricetta che conosco.

La mattina è passata velocemente e in modo gradevole. Avevo tante persone da salutare e amici che non vedevo da troppo tempo e dovevamo raccontarci tante cose. Prima che me ne sia accorta è arrivato il momento di sederci a tavola. La prima parte del pranzo è andata benissimo, la primavera sembrava essere finalmente arrivata, gli uccellini cantavano negli alberi e il sole brillava sulle foglie. Non era troppo caldo ed era gradevole passare il tempo all'aperto. Anzi a un certo punto si è alzato un leggero vento freddo, ma tutti eravamo troppo distratti per notarlo. A pensarci bene avremmo dovuto. Il vento ha soffiato sempre più forte e ha portato delle grosse nuvole grige.

In solo pochi minuti la giornata di sole è diventata grigia. Senza che nessuno se lo aspettasse abbiamo sentito un forte tuono e dalle nuvole ha cominciato a piovere in abbondanza. La pioggia era così fitta che quasi non riuscivo a vedere cosa avevo davanti.

Come potete immaginare tra gli ospiti che pochi attimi prima sedevano tranquilli si è scatenato il panico. Tutti hanno cominciato a **correre** per portare dentro casa tutto quanto. Sedie, piatti, pentole, bottiglie. In poco tempo bambini ed adulti si sono riuniti nel salotto.

They had to cover them with large plastic sheeting because only a few hours later the rain started coming down again. Eventually the day of the barbecue arrived and to everyone's relief the sky was blue. Not even a cloud or a drop of rain. I breathed a sigh of relief and little by little the guests started arriving. Some helped carry the chairs out, my cousins and I set the table, the table next to the barbecue was filled with food and someone had turned on the radio so light music was in the background to the general shouting and screams of the children playing, running fast like arrows from side to side. My father observed the huge barbecue with a serious and concentrated face, he and his trusted helpers had the task of roasting and seasoning in the correct way. It is a big responsibility when you have so many judges. I arrived with a large pan full of almond sweets, as I told you the sweet is my favorite part and I must admit that this is the only recipe I know.

The morning passed quickly and pleasantly. I had so many people to greet and friends I hadn't seen in too long and we had to tell each other so many things. Before I knew it was time to sit down at the table. The first part of the lunch went very well, spring seemed to have finally arrived, the birds were singing in the trees and the sun was shining on the leaves. It wasn't too hot and it was pleasant to spend time outside. Indeed, at one point a slight cold wind picked up, but we were all too distracted to notice it. Come to think of it we should have. The wind blew harder and harder and brought big gray clouds.

In just a few minutes the sunny warm day turned gray. Unexpectedly, we heard a loud thunder and it began to rain heavily from the clouds. The rain was so heavy that I could hardly see what was in front of me.

As you can imagine, panic broke out among the guests who were sitting calmly a few moments before. Everyone started running to bring everything inside the house. Chairs, plates, pots, bottles. Before long, children and adults alike gathered in the living room.

Fuori la pioggia continuava a cadere, si stava davvero stretti ed eravamo tutti bagnati. Stavo per perdere le speranze, forse era il caso di rimandare e andare tutti a casa? Il mio vestito a fiori si era bagnato e gocciolava sul pavimento del salotto mentre stringevo in mano una pentola piena di spaghetti ai frutti di mare. Era la prima cosa che avevo visto e di conseguenza afferrato prima di correre in casa insieme agli altri.

Gli ospiti, tutti più o meno nella mia stessa situazione, erano piuttosto **scoraggiati**. Gli unici a divertirsi erano i bambini che avrebbero voluto restare fuori a giocare nella pioggia e adesso, dopo essere stati con fatica trascinati in casa, guardavano dalle finestre aspettando di vedere il prossimo fulmine e di sentire il prossimo tuono. Il giardino rimasto deserto aveva un aspetto un po triste, sotto il cielo grigio e i tavoli vuoti con qualche forchetta dimenticata. Abbiamo riposto le pietanze in cucina andando a sbattere l'uno sull'altro perché lo spazio era piccolo. **Asciugamani** puliti sono stati distribuiti a tutti da mia mamma che guardava con orrore il pavimento coperto di fango e impronte di scarpe.

Andare tutti a casa sembrava l'unica cosa da fare ma poi qualcuno ha tirato fuori un mazzo di carte da gioco, qualcun altro ha trovato la radio e ha fatto ripartire la musica su dei piccoli piatti sono stati passati in giro i dolci e qualcuno ha tirato fuori persino la chitarra. Grazie a qualche piccola distrazione il tempo è passato veloce, in fondo l'importante è stare insieme, anche in un piccolo soggiorno affollato. Io ero concentrata in una partita di carte che stavo miseramente perdendo, quando ho sentito la frase che stavamo aspettando tutti!

-Ha smesso di piovere!

Tutte le teste si sono girate in direzione delle finestre.

I bambini era già corsi fuori mettendo i piedi nelle **pozzanghere**.

Solo qualche goccia d'acqua cadeva ma era chiaro che la pioggia era finita.

Il temporale che era arrivato così in fretta era andato via con la stessa velocità. Uno ad uno gli ospiti sono usciti fuori, il prato era umido e dalle piante veniva un buon profumo. Il cielo era di nuovo libero ed era tanto blu da far pensare che non avesse in realtà mai piovuto.

Outside the rain kept pouring, it was a small space and we were all wet. I was about to lose hope, maybe it was time to postpone and all go home? My flowery dress was wet and dripping on the living room floor as I clutched a pot full of seafood spaghetti. It was the first thing I had seen and consequently grabbed, before running into the house with the others.

The guests, all in more or less the same situation as me, were quite discouraged. The only ones having fun were the children who wished they could have stayed out playing in the rain and now, having been dragged into the house, not without difficulty, were staring out the windows waiting to see the next bolt of lightning and hear the next thunder. The deserted garden looked a little sad, under the gray sky and the empty tables with a few forgotten forks. We put the dishes back in the kitchen, bumping into each other because the space was small. Clean towels were handed out to everyone by my mom who looked in horror at the floor covered in mud and shoe prints.

Having everyone go home seemed like the only thing to do but then someone pulled out a deck of playing cards, someone else found the radio and started the music, sweets on small plates were passed around and someone even brought out the guitar. Thanks to a few small distractions, time has passed quickly, after all the important part is to be together, even in a small crowded living room. I was focused on a card game that I was miserably losing when I heard the phrase we've all been waiting for!

-The rain stopped!

All heads turned in the direction of the windows.

The children had already run outside putting their feet in the puddles.

Only a few drops of water fell but it was clear that the rain was over.

The storm that had come so fast had gone just as fast. One by one the guests came out, the lawn was damp and the plants smelled good. The sky was clear again and it was so blue that it seemed as if it had never actually rained.

Tutti abbiamo aiutato a rimettere a posto quello che rimaneva del pranzo. I tavoli sono stati asciugati ed abbiamo preparato ed il caffè caldo per tutti.

We all helped put away what was left of lunch. The tables were wiped down and we prepared hot coffee for everyone.

## Vocabulary

**Cortile**: Courtyard
**Legno**: Wood
**Zucchine**: Zuchinis
**Dolci**: Dessert
**Macedonia**: Fruit Salad
**Alberi** da frutto:
**Inoltrata**: Advanced
**Ospiti**: Guests
**Azzurro**: Sky Blue
**Teglia**: Baking Tray
**Correre**: Rush
**Scoraggiati**: Discouraged
**Asciugamani**: Towels
**Pozzanghere**: Puddles

## Questions

**1) What are the characters setting up?**

a) a hike in the mountains

b) a trip to the mall

c) a romantic dinner

d) nothing

e) a barbecue

**2) What is the location of the event?**

a) garden

b) restaurant

c) pool

d) beach

e) town square

**3) Who is invited to the occasion?**

a) just the closest family members

b) just the closest friends

c) all the coworkers

d) family and friends

e) coworkers and friends

**4) This year something different happens, what is it?**

a) nobody comes to the party

b) the food tastes bad

c) it starts to snow

d) it starts to rain

**5) What happens when the unexpected happens?**
a) nothing happens because nobody notices
b) nothing happens because nobody cares
c) everybody rushes inside
d) everybody rushes outside
e) everybody goes home

# Uno spavento-A scare

## Riassunto

Una ragazza appassionata di film horror ha l'occasione di avere la casa tutta per se quando i genitori vanno a cena fuori. Decide che passerà la serata guardando uno dei suoi film preferiti mentre mangia dei popcorn. Mentre guarda il film seduta sul divano si addormenta e viene svegliata da un rumore proveniente dal piano di sopra. Guidata dal misterioso rumore arriva sino alla soffitta. Pensando che la piccola finestra che si trova li dentro si sia aperta accende la torcia del cellulare e va a vedere ma un incontro inaspettato le causa un grande spavento. Fortunatamente proprio in quel momento i genitori tornano a casa e si scopre che non si trattava di un mostro ma di una civetta rimasta intrappolata nella soffitta.

## Summary

One evening a girl with a passion for horror movies has the opportunity to get the house all to herself when her parents go out to dinner. She decides that she's going to spend this time enjoying one of her favorite movies while eating some popcorn. She watches the movie sitting on the couch but then, falls asleep. She is later woken up by a noise coming from upstairs. Following the mysterious noise in the empty house, she reaches the attic. Thinking that the small window inside has opened, she turns on the torch on her cell phone and goes to take a look. An unexpected encounter scares her enough that she screams loudly and runs away in fear. At that very moment though, the two parents are coming home from their dinner. It turns out that it was not a monster, but a scared owl trapped in the attic.

Sono sempre stata molto interessata ai film dell'orrore. L'horror è senza ombra di dubbio il mio genere cinematografico preferito. Certo a volte guardo anche altri film soprattutto se al cinema proiettano qualcosa che piace a tutto il mio gruppo di amici. Ma andare a vedere una commedia, per me, non è mai altrettanto emozionante che vedere l'ultimo fil dell'orrore.

Ne ho visti tantissimi, i classici, con effetti speciali **rudimentali**, diversi sottogeneri, fil sugli zombie oppure sui fantasmi o sui lupi mannari. Tra tutti questi, quelli che preferisco sono quelli in cui i personaggi, a volte è una famiglia a volte un gruppo di amici, si trasferiscono in una vecchia villa piena di misteri. La casa è sempre **antica** e polverosa, ci sono dei lunghi corridoi bui e i precedenti proprietari se ne sono andati via in tutta fretta senza nessuna spiegazione. Poco a poco cominciano a succedere fatti sempre più inspiegabili e inquietanti, sino a che il fantasma non si rivela in un terrificante colpo di scena!

Ogni volta che un nuovo film horror arriva nelle sale cinematografiche vado con grande **trepidazione** a vederlo. Ma spesso non c'è nessun nuovo titolo in programma, allora mi devo accontentare di rivedere i miei film preferiti. Ho una collezione di DVD piuttosto ampia, anche se sono sempre alla ricerca di nuovi film da aggiungervi. In salotto i miei genitori hanno messo una grande tv a **schermo** piatto su cui mi piace guardare i film. Lo schermo è così grande che mi sembra di essere nel mio piccolo cinema privato. Inoltre i DVD hanno sempre contenuti speciali e curiosità da dietro le quinte che mi piace guardare dopo il film.

Purtroppo ai miei genitori non piacciono per niente i film dell'orrore. Soprattutto mia mamma pensa che siano terrificante, soltanto a sentire la musica all'inizio del film comincia ad avere paura. Per questo motivo faccio attenzione a non guardare film del genere quando lei è in giro perché basta una scena per farla svegliare con gli **incubi** la notte seguente.

Questa sera però i miei genitori non sarebbero stati in casa. Erano stati invitati a cenare a casa di amici. Questo significava che avrei avuto la grande televisione tutta per me quella sera. Naturalmente sapevo che avrei dedicato la serata a un film **spaventoso**,

I've always been very interested in horror movies.

Horror is without a doubt my favorite movie genre. Of course, sometimes I also watch other films, especially if the movie theater is projecting something that my whole group of friends likes. But going to see a comedy, for me, is never as exciting as seeing the latest horror movie.

I've seen so many, the classics, with rudimentary special effects, different sub-genres, films about zombies or ghosts or werewolves. Out of all of these, my favorite ones are the ones where the characters, sometimes it's a family sometimes a group of friends, move into an old mansion full of mysteries. The house is always ancient and dusty, there are long dark corridors and the previous owners have left in a hurry without any explanation. Little by little more and more inexplicable and disturbing facts begin to happen, until the ghost reveals itself in a terrifying twist!

Whenever a new horror movie hits theaters, I eagerly go to see it. But often there is no new title scheduled, so I have to settle for watching my favorite movies again. I have a quite large DVD collection, although I'm always looking for new movies to add to it. In the living room my parents got a large flat-screen TV on which I like to watch my movies. The screen is so big that it feels like I'm in my own little private cinema. Also DVDs always have special features and behind-the-scenes trivia that I like to watch after the movie.

Unfortunately my parents don't like horror movies at all. Especially my mom thinks they are terrifying, just hearing the music at the beginning of the movie makes her scared. For this reason I am careful not to watch movies like that when she's around because one scene is enough to make her wake up with nightmares the following night.

This evening, however, my parents would not be at home. They had been invited to dinner at a friend's house. This meant that I would have the big television to myself that evening. Naturally, I knew that I would dedicate the evening to a scary movie,

senza rischiare di provocare gli incubi a nessuno. Mentre i miei genitori si preparavano per la loro cena mi sono diretta in cucina per prepararmi una bella ciotola di popcorn **caldi**, lo spuntino ideale durante un film. I miei genitori sono venuti a salutarmi in cucina mentre la busta di popcorn si gonfiava nel forno a microonde. Dopo le solite raccomandazioni, chiudi a chiave, dai da mangiare al gatto e così via sono saliti in macchina. Gli ho salutati agitando la mano ma sono tornata subito in casa quando ho sentito la campanella del forno a microonde che annunciava che i miei popcorn erano pronti.

La mia casa è molto grande, purtroppo neon è misteriosa come quelle che ci sono nei film. É una ordinata villetta monofamiliare, la cucina con le **tendine** grande e il comodo **divano** in salotto. Con mia grande gioia abbiamo anche una sorta di soffitta, che è si polverosa ma non vi si nasconde nessun fantasma. Soltanto le decorazioni per le feste natalizie e qualche vecchia cianfrusaglia.

Quella sera però ero piena di apprezzamento soprattutto per il divano comodo in cui sono sprofondata con la mia ciotola di popcorn. Telecomando alla mano ho abbassato le luci per creare la giusta atmosfera e ho fatto partire uno dei miei film. Questa sera stavo guardando un vecchio film con un vampiro che seminava il panico per le strade della città, sino a che l'eroe non riesce a introdursi nel suo covo per sconfiggerlo e salvare gli abitanti. Non certo un fil nuovo ma perfetto per una serata rilassante. Ho finito i popcorn prima ancora che il film fosse a metà e mentre rispondevo distrattamente a qualche messaggio che mi arrivava sul cellulare mi sono **addormentata**. Forse avevo visto quel film davvero troppe volte o forse ero molto stanca ma ho dormito come un sasso. Un sonno profondo ed indisturbato. Quando mi sono svegliata il film era ormai finito da parecchio tempo ed ho pensato che se non volevo che mi venisse una **carie** ai denti facevo meglio a lavarmi subito i denti prima di andare a dormire, questa volta nel mio letto. Come pensavo così però ho sentito un leggero tonfo venie dal soffitto.

without risking giving anyone nightmares. As my parents got ready for their dinner I headed to the kitchen to make myself a big bowl of hot popcorn, the perfect snack during a movie. My parents came to greet me in the kitchen as the bag of popcorn ballooned in the microwave. After the usual recommendations, lock up, feed the cat and so on they got into the car. I waved at them but rushed back inside when I heard the bell from the microwave announcing my popcorn was ready.

My house is very big, unfortunately it isn't mysterious like the ones in the movies. It is a tidy single-family house, the kitchen with large windows and a comfortable sofa in the living room. To my delight we also have a kind of attic, which is dusty but no ghosts are hiding in it. Only the decorations for the Christmas holidays and some old nick-knacks.

That night though, I was filled with appreciation especially for the comfy couch I sank into with my bowl of popcorn. Remote control in hand I dimmed the lights to create the right atmosphere and started one of my movies. This evening I was watching an old movie about a vampire who spreads panic through the streets of the city, until the hero manages to enter his lair to defeat him and save the inhabitants. Certainly not a new movie but perfect for a relaxing evening. I ran out of popcorn before the movie was even halfway through and while I was absentmindedly answering a few messages that arrived on my cell phone I fell asleep. Maybe I had seen that movie way too many times or maybe I was very tired but I slept like a log. A deep and undisturbed sleep. When I woke up the movie had been over for a long time and I thought that if I didn't want to get caries I better go brush my teeth before going to sleep, this time in my bed. As I thought so, however, I heard a slight thud coming from the ceiling.

Mi sono chiesta se avessi dormito così tanto che i miei genitori erano già a casa ma guardando fuori dalla finestra ho visto che la loro macchina non era ancora nel vialetto. Eppure avevo chiaramente sentito rumore e non solo era stato proprio quel rumore a svegliarmi altrimenti avrei probabilmente continuato a dormire sino alla mattina successiva. Ho spento la televisione e sono rimasta in ascolto. Il volevo accertarmi che non fosse stato un sogno ma proprio come mi aspettavo il suono è arrivato di nuovo. Sempre da qualche punto sul soffitto.

La casa ha due piani quindi evidentemente qualcosa stava facendo rumore al piano di sopra. Mi sono alzata e col cellulare stretto in mano ho cominciato a salire le scale sentendomi come la protagonista di uno dei miei film. Arrivata al piano di sopra ho confermato, nessuna traccia dei miei genitori ma neanche di nessun altro. La zona al piano superiore contiene solo due camere da letto separate da un **bagno** e un corridoio. Ferma in corridoio mi sono fermata, un poco dispiaciuta che l'avventura fosse già terminata quando go sentito di nuovo lo stesso suono di qualche attimo prima.

Anche questa volta proveniva da qualche parte nel soffitto ma essendo già all'ultimo piano della casa restava una sola spiegazione: il suono arrivava dalla **soffitta**. Probabilmente la piccola finestra che sta ola sopra si era aperta e stava sbattendo. Non un finale degno di uno dei miei film dell'orrore ma molto probabile. Ho aperto la botola che porta alla soffitta da cui ho tirato giù la scaletta pieghevole sulla quale salivo tutti gli anni per portare fuori le decorazioni per l'albero di Natale.

Se la finestrella era aperta dovevo assolutamente chiuderla oppure avrebbe cominciato a lasciar entrare la pioggia per non parlare del fatto che già immaginavo come si sarebbe spaventata la mia povera mamma a sentire quei tonfi. Ho acceso la torcia del telefono e h cominciato a salire le scale sentendo ancora una volta un suono adesso più chiaro. Quando sono entrata in soffitta ho puntato subito la torcia verso la finestra che infatti era aperta. Ma prima che potessi fare anche solo un passo avanti per chiuderla una figura sconosciuta è arrivata in volo verso di me.

I wondered if I'd slept in so much that my parents were already home but looking out the window, their car wasn't in the driveway yet. Yet I had clearly heard noise and not only was that noise waking me up otherwise I would probably have continued to sleep until the next morning. I turned off the television and listened. I wanted to make sure it wasn't a dream but just like I expected the sound came again. Always somewhere on the ceiling.

The house has two floors so obviously something was making noise upstairs. I got up and with my cellphone in my hand I started walking up the stairs feeling like the protagonist of one of my movies. When I got upstairs I confirmed, no sign of my parents but no one else either. The upstairs area includes only two bedrooms separated by a bathroom and a corridor. Standing in the corridor I stopped, a little disappointed that the adventure was already over, when I heard the same sound again from a few moments before.

This time too it came from somewhere in the ceiling but being already on the top floor of the house, only one explanation remained: the sound came from the attic. Probably the little window above had popped open and was banging. Not an ending worthy of one of my horror movies but close enough. I opened the trapdoor that leads to the attic from which I pulled down the folding ladder I used to climb every year to bring out the decorations for the Christmas tree.

If the window was open I absolutely had to close it or it would start letting in the rain not to mention the fact that I already imagined how scared my poor mother would be hearing those thuds. I turned on the flashlight on my phone and started to climb up the stairs hearing once again the sound. When I entered the attic I immediately pointed the torch towards the window which was, in fact, open. But before I could even take a step forward to close it, an unknown figure flew towards me.

Ero talmente stupito che ho lasciato cadere il telefono e la creatura ha cominciato a volare ed agitarsi sbattendo sulle pareti della soffitta. Ho avuto così **paura** ed ho urlato così forte che sono certa i vicini mi abbiano sentita chiaramente. Proprio allora ho sentito dal piano di sotto la porta di ingresso aprirsi.

Erano i miei genitori che salutando rientravano a casa. Veloce come una saetta sono scesa per le scale e sono corsa dritta verso di loro esclamando che in soffitta c'era una cosa volante che mi aveva attaccata. Mio padre armato di una grossa padella si è offerto di andare a controllare. Io e mia mamma ai piedi della scala aspettavamo di sapere che succedeva nella soffitta buia. Abbiamo sentito un urlo da mio padre e subito abbiamo pensato al peggio ma l'urlo è stato seguito da una grassa risata. Dopo un po di trambusto mio padre è sceso dalle scale con in mano il mio telefono ed un grande sorriso.

A quanto pare la finestra della soffitta era stata chiusa male e si era aperta, su questo avevo ragione. Ma quello che era successo è questo: una civetta trovando la finestrella aperta doveva essere entrata in soffitta senza però riuscire poi a trovare l'uscita. Il povero animale intrappolato aveva cominciato ad agitarsi cercando di fuggire. Poi ero arrivata io che la avevo abbagliata con la mia torcia prima di fuggire. La poveretta doveva essere piuttosto **confusa** e continuava a buttare giù oggetti vari accumulati nel piccolo spazio. Fortunatamente con qualche paziente incitamento da parte di mio padre la civetta, confusa e più spaventata di me aveva trovato la finestra ed era volata via veloce.

I was so shocked that I dropped the phone and the creature started flying and flailing and banging on the attic walls. I was so scared and screamed so loud that I'm sure the neighbors heard me clearly. Just then I heard the front door open from downstairs.

They were my parents saying hello and returning home. Quick as lightning I went down the stairs and ran straight towards them exclaiming that there was a flying thing in the attic and it had attacked me. My father armed with a large frying pan offered to go and check. My mom and I at the foot of the stairs were waiting to know what was going on in the dark attic. We heard a scream from my father and immediately assumed the worst but the scream was followed by a big laugh. After some hustle and bustle my father came down the stairs holding my phone and with a big smile.

Apparently the attic window had been closed too loosely and popped open, I was right about that. But what happened is this: an owl finding the window open must have entered the attic without being able to find the exit after. The poor trapped, animal had begun to struggle trying to escape. Then I arrived and dazzled it with my flashlight before fleeing. The poor thing must have been quite confused and kept throwing down various objects accumulated in the small space. Luckily with some patient prodding from my father the confused and frightened owl found the window and flew away quickly.

## Vocabulary

**Rudimentali**: Rudimentary
**Antica**: Antique
**Tredpidazione**: Anticipation
**Schermo**: Display
**Incubi**: Nightmares
**Spaventoso**: Scary
**Caldi**: Hot
**Tendine**: Small curtains
**Divano**: Couch/ sofa

**Addormentata**: Asleep
**Carie**: Thooth cavities
**Bagno**: Bathroom
**Soffitta**: Attic
**Paura**: Fear
**Confusa**: Confused

## Questions

**1) Where is the story set?**
a) in school
b) at home
c) at the movie theater
d) in the garden
e) in the kitchen

**2) What is the main character eating?**
a) dinner
b) popcorn
c) cake
d) chips
e) salad

**3) How is the main character spending the evening?**
a) watching a horror movie
b) watching a romantic comedy
c) going out with her parents
d) watching a black-and-white movie
e) going to the restaurant

**4) Why the main character wakes up?**
a) her parents come home early
b) she hears the doorbell
c) her friends come to visit
d) she hears a noise upstairs
e) she hears a noise outside

**5) What was causing the mysterious sounds?**
a) nothing it was just a dream
b) a stray dog
c) the neighbors
d) an owl
e) the parents coming home

# Una giornata al mare-A day at the beach

## Riassunto

Siamo in piena estate. Una ragazza ha appena cambiato casa. Decide quindi di approfittare dello spazio in più per ospitare due amiche. Le tre ragazze hanno pianificato con grande anticipo una giornata al mare. Nonostante il caldo il trasloco viene portato a termine e la tanto attesa arriva. Le tre si incontrano la mattina per prendere l'autobus che le porterà sino alla spiaggia. Hanno fatto attenzione a portare con loro tutto quello che potrebbe servire durante la giornata. Quando arriva il tramonto mangiano il gelato nel bar sulla spiaggia prima di prendere di nuovo l'autobus che le porta a casa nella calda sera di Agosto.

## Summary

We are in the middle of a very hot summer, a girl is talking about how she has just moved house. So she decides to take advantage of the extra room she now has to host two friends. The three girls had planned a day at the beach to enjoy the holidays. Despite the heat, the move is completed and the long-awaited day arrives. The three meet early in the morning to take the bus. Soon they arrive at the beach. They were careful to bring along everything they might need during the day. When the sunset comes they eat ice cream in a cafe near the beach. Then they take the bus and go back home happy.

L'estate era finalmente arrivata e io e le mie migliori amiche, Giovanna ed Alessia, abbiamo deciso che è finalmente il momento di passare una giornata al mare.

Tutto era in quel periodo, reso migliore dal fatto che avevo appena cambiato casa. Adesso ho un appartamento più grande e più nuovo. Avevo per la prima volta una stanza in più, che era già stata arredata con un comodo letto per gli ospiti, un piccolo tavolino ed un armadio.

Traslocare in piena estate è stato davvero faticoso. Imballare tutte le mie cose e portare gli **scatoloni** pesanti quando fa così caldo è una **sfida** molto difficile.

Alla fine del trasloco mi sentivo così stanca, che per quanto felice di essere nella nuova residenza, non avevo quasi più le energie per aprire, tirare fuori e organizzare le mie cose. Fortunatamente un bicchiere di **succo di frutta** fresco e una doccia, mi hanno ristorata. Verso sera mi sentivo come nuova.

Come dicevo la casa ha una stanza per gli ospiti, questo significa che io e le mie amiche, possiamo partire da qui per andare al mare e tornare con tutta calma qui prendendo l'autobus che ha la fermata proprio qui vicino. In questo modo le mie amiche possono dormire da me e ripartire la mattina dopo. Conviene viaggiare la mattina presto, quando ancora la temperatura non è troppo alta e soprattutto evitando la corsa serale dell'autobus, che è sempre piena di persone di ritorno dalla spiaggia cariche di ombrelloni ed asciugamani.

Mi sembrava di avere aspettato da tantissimo questa giornata. Forse perché gli ultimi mesi sono stati pieni di impegni e lavoro, sia per me che per le altre. Così tanto, che sembrava che il tempo non passasse più. Una sera però, ho notato la data segnata sul calendario! Il giorno tanto atteso era arrivato.

Ho cominciato a **preparare** con cura tutto quello che mi sarebbe servito e che volevo essere certa di non dimenticare. Sono una persona molto **ordinata** e mi piace essere preparata per ogni evenienza. Per questo motivo ho compilato una vera e propria lista di tutti gli oggetti che avevo intenzione di portare con me.

Summer had finally arrived. My best friends, Giovanna and Alessia and I decided it was finally time to spend a day at the beach.

Everything was in that period, made better by the fact that I had just moved house. Now I had a bigger and newer apartment. For the first time I had an extra room, which had already been furnished with a comfortable guest bed, a small table and a wardrobe.

Moving in the middle of summer was really tiring. Packing all my things and carrying the heavy boxes in such hot weather is a very difficult challenge.

At the end of the move, I felt so tired that although I was happy to be in the new residence, I hardly had the energy left to open, unpack and organize my things. Fortunately, a glass of fresh fruit juice and a shower restored me. Towards the evening I felt like new.

As I said, the house has a room for guests, which means that my friends and I can leave here to go to the beach and return calmly here by taking the bus that stops right near here. This way my friends can sleep over and leave the next morning. It is advisable to travel early in the morning, when the temperature is not yet too high and above all avoid the evening bus ride, which is always full of people returning from the beach laden heavy with umbrellas and towels.

It seemed to me that I had waited a long time for this day. Maybe because the last few months have been full of commitments and work, both for me and for the others. So much, that it seemed as if time was not even moving. One evening however, I noticed the date marked on the calendar! The long-awaited day had arrived.

I began carefully preparing everything I needed and that I wanted to make sure I didn't forget. I am a very tidy person and I like to be prepared for any eventuality. For this reason, I compiled a list of all the items I intended to bring with me.

Prima nella lista avevo messo la crema solare, dopo tanti mesi passati al chiuso rischiavo di bruciarmi passando tutta la giornata sotto al sole. Giovanna che è altrettanto pallida, ha già mandato un messaggio confermando che lei porterà l'ombrellone per la spiaggia. In aggiunta alla mia **crema solare** con filtro cinquanta naturalmente. Un altra cosa che non può mancare mai è una bottiglia d'acqua fresca, la lascio sempre nel frigorifero per tutta la notte. In modo tale che quando arriva la mattina sia il più fresca possibile. Con l'acqua non può mancare un piccolo snack da mangiare sulla spiaggia. Di solito non mi piace mangiare stando seduta sulla sabbia, perché il vento finisce sempre per soffiarla su qualunque cibo abbia portato. Questa volta però ho deciso di provare una focaccia con l'olio d'oliva. Alessia dice che lei la porta sempre al lavoro, la focaccia, per quando va in pausa pranzo. Mi aveva assicurato entusiasta che è soffice e facile da mangiare fuori casa. Alessia, inoltre, porta un **grappolo** bello grande di uva bianca, è il primo della stagione! Ho aggiunto alla mia lista anche la ciambella **gonfiabile** per galleggiare nell'acqua, un cappello di paglia per riparare la testa e naturalmente il mio asciugamano blu. Lo avevo comprato perché il colore mi aveva fatto pensare al mare calmo.

Sono andata a letto soddisfatta di me stessa, la nuova casa ancora disseminata di scatoloni e la **sacca** pronta per il giorno dopo era davanti alla porta.

Purtroppo nonostante la mia organizzazione, ho dormito troppo la mattina dopo. Non ho sentito la sveglia suonare sul comodino. O forse l'ho sentita ma ho continuato a dormire? Solo quando qualcuno ha bussato alla porta, mi sono svegliata.

Sono andata ad aprire ancora in pigiama, erano Giovanna ed Alessia, già pronte per la giornata, con indosso i vestiti leggeri e le borse del mare in spalla. Quando mi hanno vista aprire la porta hanno subito immaginato che avevo dormito troppo. Le ho fatte sedere in cucina, con il tavolo che era ancora coperto dalla la plastica della ditta di traslochi e sono corsa a prepararmi. Ho fatto più veloce che potevo per fortuna la borsa era pronta e mi aspettava davanti alla porta. Appena siamo uscite fuori di casa il sole che saliva ci ha quasi accecate ma non era il momento di fermarsi.

First on the list I had put on sunscreen, after so many months spent indoors I risked burning myself by spending the whole day in the sun. Giovanna, who is equally pale, has already sent a message confirming that she will bring the umbrella for the beach. In addition to my fifty-factor sunscreen of course. Another thing that can never be missing is a fresh bottle of water, I always leave it in the fridge overnight. So that when the morning comes it is as fresh as possible. With the water, a small snack to eat on the beach cannot be missing. Usually I don't like to eat sitting on the sand, because the wind always ends up blowing it on whatever food I brought. But this time I decided to try a focaccia with olive oil. Alessia says that she always brings focaccia to work when she goes on her lunch break. She enthusiastically assured me that it is soft and easy to eat on the go. Alessia also brings a nice big bunch of white grapes, it's the first of the season! I also added to my list the inflatable doughnut to float in the water, a straw hat to protect my head and of course my blue towel. I bought it because the color made me think of the calm sea.

I went to bed satisfied with myself, the new house still scattered with boxes and the bag ready for the next day was at the door.

Unfortunately despite my organization, I overslept the next morning. I didn't hear the alarm go off on the bedside table. Or maybe I heard it but kept sleeping? Only when someone knocked on the door did I wake up.

I went to open it still in pajamas, Giovanna and Alessia were, already ready for the day, wearing light clothes and beach bags on their shoulders. When they saw me opening the door they immediately assumed I had overslept. I sat them down in the kitchen, with the table still covered in plastic from the moving company, and ran to get ready. I did as fast as I could luckily the bag was ready and waiting for me at the door. As soon as we left the house the rising sun almost blinded us but it was not the time to stop.

Facendo a turno per chi doveva portare il **pesante** ombrellone, ci siamo affrettate sino alla fermata dell'autobus. La prima corsa della mattina è la migliore perché non è affollata e passa per la strada prima che si formi il traffico e la confusione, tipici delle località di mare in piena estate.

In meno di un ora eravamo alla nostra fermata, proprio davanti alla spiaggia. La giornata era splendida e appena arrivate abbiamo visto il mare blu e calmo che brillava sotto i raggi del sole.

Abbiamo sistemato l'ombrellone con cura, in modo che il vento non lo facesse volare via. Sulla spiaggia c'era già qualche persona mattiniera, ma niente in confronto alla folla che sarebbe arrivata più tardi. Abbiamo aperto l'ombrellone decorato con colori **arcobaleno** creando una piccola oasi d'ombra sulla sabbia bianca.

L'acqua appena ci si entra sembra gelata e tutte e tre avevamo la pelle d'oca. Siamo state superate da un gruppo di ragazzini che entravano in acqua correndo e **schizzando** ma dopo qualche minuto anche noi stavamo nuotando come se non ci fosse stato nulla di più naturale. Con l'avanzare della mattina la giornata si è fatta sempre più calda, abbiamo tirato fuori la ciambella e anche gli occhialini di plastica verde fluorescente per vedere i pesci sott'acqua.

Nuotare fa venire fame e a mezza giornata abbaiamo fatto un piccolo picnic con le cose portate da casa. L'acqua accuratamente riposta nella borsa frigorifera era ancora fresca e veramente gradevole da bere nella giornata calda.

Il pomeriggio dopo un tuffo in acqua ci siamo ritirate sotto il nostro ombrellone. Il sole si rifletteva sulla sabbia bianca e sulle onde del mare rendendo il paesaggio tanto abbagliante quanto bello. Il rumore delle onde del mare fa sempre venire un po di sonno ma appena passate le ore più calde ci siamo stese al sole sugli asciugamani. La spiaggia era ormai pienissima se non fossimo arrivate presto non avremo trovato posto.

A fine giornata quando il sole era **arancione** e basso sul mare abbiamo deciso di prendere il gelato nel piccolo chiosco sulla spiaggia. Io ho preso un ghiacciolo al limone e ci siamo sedute al piccolo bar.

Taking turns for those who had to carry the heavy umbrella, we hurried to the bus stop. The first ride in the morning is the best because it is not crowded and passes through the street before the traffic and confusion typical of seaside resorts in the height of summer.

In less than an hour we were at our stop, right in front of the beach. The day was beautiful and as soon as we arrived we saw the calm blue sea shimmering under the rays of the sun.

We arranged the umbrella carefully, so that the wind wouldn't blow it away. There were already some early risers on the beach, but nothing compared to the crowds that would arrive later. We opened the umbrella decorated with rainbow colors creating a small oasis of shade on the white sand.

The water as soon as you enter seems freezing and all three of us had goosebumps. We were passed by a group of kids who entered the water running and splashing but after a few minutes we too were swimming as if there was nothing more natural. As the morning progressed the day got hotter and hotter, we took out the doughnut and also the fluorescent green plastic goggles to see the fish underwater.

Swimming makes you hungry and in the middle of the day we had a small picnic with things we brought from home. The water carefully placed in the cooler was still fresh and very pleasant to drink on a hot day.

In the afternoon, after a dip in the water, we retired under our umbrella. The sun reflected off the white sand and the sea waves making the landscape as dazzling as it was beautiful. The sound of the waves of the sea always makes you sleepy but as soon as the hottest hours passed we lay down in the sun on the towels. The beach was now so full that if we hadn't arrived early we would not have found space.

At the end of the day, when the sun was orange and low on the sea, we decided to get ice cream in the small kiosk on the beach. I had a lemon Popsicle and we sat at the small café.

L'interno era tutto in legno, che mandava un odore gradevole di alberi di pino misto a **salsedine**. La giornata era andata nel migliore dei modi. Avvolte negli asciugamani ormai pieni di sabbia e acqua salata abbiamo guardato il sole scendere sempre più basso sul mare. Alla fine è rimasta solo una piccola fetta visibile e poi anche quella si è tuffata sotto l'acqua blu. Abbiamo deciso che era ora di raccogliere le nostre cose ed andare a casa. L'autobus è arrivato alla sua fermata dove noi e e un gruppetto di altre persone che erano in spiaggia accanto a noi aspettavamo con ansia di goderci l'aria condizionata fresca e i sedili soffici dell'ultima corsa della giornata.

Siamo tornate nel mio nuovo appartamento, lasciando le borse e gli asciugamani all'ingresso, cercando portarci in casa meno sabbia possibile.

Per cena, ho preparato una grossa padella di spaghetti al tonno, è un piatto semplice e veloce. La nuova casa con mio grande piacere era a up piano alto per questo motivo aprendo la finestra della cucina entrava nell'appartamento un brezza fresca e profumata.

Si potevano vedere le finestre illuminate del palazzo di fronte al mio dal quale arrivava un brusio di voci e musica in lontananza, anche loro dovevano aver aperto le finestre per godersi il fresco della sera di Agosto.

The interior was all in wood, which gave off a pleasant smell of pine trees mixed with salt. The day had gone well. Wrapped in towels now full of sand and salt water we watched the sun go lower and lower on the sea. In the end, only a small slice remained visible and then that too dived under the blue water. We decided it was time to pack up and go home. The bus arrived at its stop where we and a handful of other people who were at the beach next to us, were eagerly waiting to enjoy the cool air conditioning and soft seats of the last ride of the day.

We went back to my new apartment, leaving our bags and towels at the entrance, trying to bring as little sand into the house as possible.

For dinner, I made a big pan of spaghetti with tuna, it's a quick and easy dish. With my great pleasure, the new house was on a high floor and for this reason, opening the kitchen window, a fresh and fragrant breeze entered the apartment.

You could see the lighted windows of the building opposite mine from which came a hum of voices and music in the distance, they too must have opened the windows to enjoy the cool August evening.

## Vocabulary

**Scatoloni**: Big boxes
**Sfida**: Challange
**Succo** di frutta: Fruit juice
**Preparare**: To get ready
**Ordinata**: Tidy
**Crema solare**: Sunscreen
**Grappolo**: Bunch (referring to fruit)
**Gonfiabile**: Inflatable
**Sacca**: Bag
**Pesante**: Heavy
**Arcobaleno**: Rainbow
**Schizzando**: Splashing
**Arancione**: Orange in color
**Salsedine**: Saltiness / salt air

## Questions

**1) How many girls are there in the story?**
a) there are none
b) there are three
c) there are four
d) there are two girls
e) just one

**2) Where are they going?**
a) they are going to see a movie
b) they are running to the airport
c) they are going to see some friends
d) they are staying home
e) they are going to the beach

**3) How will they get there?**
a) they will walk all the way
b) they will take the train
c) they will take the bus
d) they will walk and take the train
e) they will take the car

**4) What do they eat?**
a) nothing because they forget to bring food
b) they eat focaccia and tomatoes
c) they eat apples and grapes
d) they eat focaccia, grapes, and ice cream
e) they eat ice cream and coffee

**5) How does the day go?**
a) bad, they lost the bus
b) good, it was fun
c) bad, it started raining
d) good but they lost the umbrella
e) bad, they were bored

# Viaggio a sorpresa-A surprise trip

## Riassunto

Una coppia felicemente sposata da anni ha sempre amato molto viaggiare per il mondo. Col passare del tempo si sono uniti ad i loro viaggi anche i figli. Tutta la famiglia ricorda queste esperienze con gioia e la loro casa è decorata con le fotografie fatte durante i loro viaggi. Col passare del tempo i figlio crescono e non vedono l'ora di viaggiare ed esplorare il modo da soli. Quest'anno è stato per la famiglia e soprattutto per la moglie particolarmente difficile. Per questo motivo quando l'anniversario di matrimonio si avvicinava, non pensava che avrebbero festeggiato in modo particolare. La sua famiglia ha invece deciso di sorprenderla con un viaggio a Parigi.

## Summary

A couple who have been happily married for years have always loved traveling the world so very much. Over time, their children have also joined their travels and adventures. The whole family remembers these experiences fondly and their home is decorated with a lot of photos taken during their travels. As time goes on the older children are growing up and can't wait to travel and explore the world on their own. This year has been particularly difficult for the family and especially for the wife. For this reason, when the wedding anniversary approached, she didn't think they would celebrate in an extravagant way. But when she less expected, her family decided to surprise her with a trip to Paris.

Io e Franco abbiamo sempre amato viaggiare. Da quando ci siamo conosciuti la nostra passione per i viaggi ci ha molto uniti. Stiamo sempre a ricordarci di questo o quel viaggio oppure a sognare di che viaggi faremo in futuro. La nostra libreria è piena di guide turistiche, libri su diverse località, **cartine** e album fotografici. Il mondo è grande e i luoghi da visitare sono così tanti che non basterebbe una vita per vederli tutti, ma noi, devo dire, abbiamo viaggiato molto. Diciamo che ci siamo promessi di non lasciare mai andare le nostre passioni nonostante con gli anni e l'arrivo dei bambini gli impegni e le responsabilità ci hanno tenuti sempre più occupati.

Abbiamo visto tante città, io amo particolarmente le grandi città. Penso che l'energia che si sente per le strade non possa far altro che contagiarti. Quando arrivo e vedo tante persone per la strada anche io mi sento piena di energia ed entusiasmo.

Ad esempio nel corso degli anni siamo stati a Londra, a Roma a Parigi e a Madrid. Le fotografie di noi due (molto più giovani!) in posa nei vari luoghi sono **incorniciate** ed **appese** in giro per la casa quando torniamo da uno dei nostri viaggi ne aggiungiamo sempre una alla collezione e ormai stanno diventando davvero tante. Le foto più vecchie ritraggono due giovani **sposini**, nei primi anni eravamo solo noi due ma poi nelle foto più recenti c'è una famigliola con prima un solo bimbo e poi ben tre.

Abbiamo trasmesso ai nostri figli la passione per i viaggi naturalmente, ed i più grandi dopo aver partecipato alle nostre avventure hanno raggiunto l'età in cui vogliono esplorare da soli il mondo e con un po di tristezza ma anche tanta gioia li abbiamo lasciati andare. Il fratello più piccolo non fa che chiedere di unirsi ai più grandi, anche lui vuole esplorare il mondo e sono sicura che prima che ce ne possiamo accorgere anche lui ci manderà foto da posti lontani come i fratelli.

Tra tutte una delle mie foto preferite è quella che abbiamo scattato a Parigi, una mattina, quando siamo saliti sino in cima alla torre Eiffel.

L'occasione di quel viaggio inaspettato era stato il nostro anniversario di matrimonio, i nostri figli allora erano ancora piccoli e ben lontani dall'andare in giro per il mondo da soli.

Franco and I have always loved to travel. Since we met, our passion for travel has brought us together. We are always reminding ourselves of this or that trip, or dreaming of what trips we will go on in the future. Our library is filled with travel guides, books on different locations, maps and photo albums. The world is big and there are so many places to visit that a lifetime would not be enough to see them all, but we, I must say, have traveled a lot. We promised each other never to let go of our passions, despite the fact that over the years and the arrival of our children, commitments and responsibilities have kept us increasingly busy.

We have seen many cities, I particularly love big cities. I think that the energy you feel on the streets is infectious. When I arrive and see so many people on the street, I too feel full of energy and enthusiasm.

For example, over the years we have been to London, Rome, Paris and Madrid. The photographs of the two of us (much younger!) posing in various places are framed and hung around the house, when we return from one of our trips we always add one to the collection and by now there are a lot. The older photos portray two young newlyweds, in the early years it was just the two of us but then in the more recent photos there is a small family with first only one child and then three.

We have naturally passed on to our children the passion for travel, and the older ones, after taking part in our adventures, have reached the age where they want to explore the world on their own and with a little sadness but also a lot of joy, we let them go. The younger brother keeps asking to join the older ones, he too wants to explore the world and I'm sure before we know it he too will be sending us photos from distant places like his brother and sister.

Out of all the pics, one of my favorites is the one we took in Paris one morning, when we climbed to the top of the Eiffel Tower.

The occasion for that unexpected trip had been our wedding anniversary, our children then were still small and far from going around the world alone.

Per questo motivo negli ultimi anni avevamo voluto scegliere mete meno **affollate** e popolari in modo tale che i bambini avessero spazio a sufficienza per giocare ed esplorare senza che ci dovessimo preoccupare che si perdessero in una città sconosciuta. Dell'idea di visitare Parigi se ne parlava da anni, era una meta che non poteva mancare, ma eravamo sempre impegnati e anche se ogni tanto se ne parlava nuovamente non ne avevamo mai avuto l'occasione.

Mi ricordo che quello era stato un anno particolarmente stressante un poco per tutti noi. Un cambio di lavoro e un cambio di casa si erano sovrapposti all'ingresso del nostro figlio più piccolo alle scuole superiori. Lo stress si era accumulato nei mesi e appena ci sembrava di aver terminato tutte le cose da fare un nuovo impegno compariva subito.

Ero sempre impegnata e penso che se non fosse stato per l'affetto della mia famiglia non sarei mai riuscita a fare tutto.

Il viaggio l'ho scoperto verso la fine dell'estate. Era un giorno come gli altri ma Franco era tornato dal lavoro particolarmente sorridente. Gli avevo chiesto se fosse successo qualcosa di bello e con aria misteriosa mi aveva risposto che aveva una sorpresa ma avrei dovuto aspettare a dopo per sapere di che si trattava. Si avvicinava la data del nostro anniversario ma quell'anno dato quanto eravamo stati impegnati non avevamo neanche pensato ad organizzare nulla di speciale.

O almeno questo era quello che pensavo, ma la mia famiglia aveva una grossa sorpresa per me. Quando Franco mi ha detto che aveva annunciato la misteriosa novità mi aspettavo che si trattasse di un mazzo di fiori. Un mazzo di rose rosse magari, ne sarei stata molto felice, le rose sono sempre stati i miei fiori preferiti. Invece con aria **fiera** ha tirato fuori dalla tasca della giacca una piccola busta di carta bianca con scritto sopra il mio nome. Neanche allora però avevo indovinato! Vedendo la piccola busta ho pensato che aprendola avrei trovato un biglietto di auguri, magari con una frase romantica oppure con un messaggio scritto a mano. Invece quando ho aperto la busta ne sono usciti due biglietti aerei. Mi ricordo di aver guardato Franco con aria incredula, e lui con un grande sorriso mi ha detto di leggere attentamente. Ho riportato la mia attenzione al contenuto della busta.

For this reason, in recent years we had wanted to choose less crowded and popular destinations so that children have enough space to play and explore without us having to worry about them getting lost in an unfamiliar city. The idea of visiting Paris had been talked about for years, it was a destination that could not be missed, but we were always busy and even if we talked about it again and again, we never had the opportunity.

I remember that was a particularly stressful year for all of us. A change of job and a change of home overlapped with our youngest son's entry into high school. The stress had accumulated over the months and as soon as we seemed to have finished all the things to do, a new commitment appeared immediately.

I was always busy and I think that if it hadn't been for the love of my family I would never have been able to do everything.

I discovered about the trip towards the end of the summer. It was a day like any other but Franco had returned from work smiling particularly big. I asked him if something good had happened and he replied mysteriously that he had a surprise but I would have to wait until later to find out what it was. The date of our anniversary was approaching, but that year given how busy we had been we hadn't even thought about organizing anything special.

Or at least that was what I thought, but my family had a big surprise for me. When Franco told me that he had announced the mysterious novelty I expected it to be a bouquet of flowers. A bunch of red roses maybe, I would have been very happy, roses have always been my favorite flowers. Instead, he proudly pulled a small white paper envelope from his jacket pocket with my name written on it. Even then, however, I had not guessed! Seeing the small envelope, I thought that by opening it I would find a greeting card, perhaps with a romantic phrase or a handwritten message. Instead, when I opened the envelope, two airline tickets came out. I remember looking at Franco in disbelief, and he with a big smile told me to read carefully. I returned my attention to the content of the envelope.

Lo ricordo come se fosse successo ieri. Su i due biglietti di carta spessa figuravano i nostri nomi, sullo spazio dedicato alla data era indicata la data di qualche settimana più avanti e soprattutto la destinazione diceva chiaramente Parigi!

Penso di aver fatto un vero e proprio salto sulla sedia da quanto ero sorpresa e felice, per un attimo non riuscivo a credere a quello che stavo leggendo. Aveva organizzato davvero tutto, i ragazzi avrebbero passato una settimana dagli zii prima di riprendere la scuola e noi avremmo passato un intera settimana a visitare la città di Parigi. Era veramente un regalo da sogno e poco dopo ho scoperto che tutti gli altri anche i miei figli e gli zii sapevano già del piano e stavano tenendo il segreto, apposta per sorprendermi. Tutti avevano dato una mano per rendere il viaggio possibile, per questo dico che è stato l'affetto e l'attenzione della mia famiglia a farmi superare anche i momenti più faticosi e difficili non potevo immaginare un regalo più bello.

Quella settimana che abbiamo passato a Parigi la ricordo ancora come una delle più belle di sempre. Una vera vacanza da film.

Il nostro Hotel era piccolo e **grazioso**, con le finestre grandi che lasciavano entrare la luce dorata. La nostra camera era arredata in modo elegante, con uno grande specchio dalla cornice dorata un tavolino in legno bianco così come il letto. La camera si affacciava su una via tranquilla e proprio dall'altra parte della strada c'era una negozio di vini con un insegna rossa e la vetrina piena di bottiglie.

Al primo piano l'Hotel aveva una sala dedicata alla colazione disseminata di tavoli con le tovaglie bianche occupati da turisti provenienti da tutto il mondo. Ogni mattina il profumo di dolci e torte appena sfornati riempiva l'aria e si mischiava al profumo di caffè caldo. Iniziare la giornata nel grande salone luminoso era molto bello e mi sentivo come una regina mentre sorseggiavo cioccolata calda da una tazza di ceramica bianca decorata con piccoli fiori blu.

Abbiamo passeggiato sui larghi viali, punteggiati di negozi di marchi di moda famosi e di turisti che come noi che camminavano con il naso per aria cercando di non perdere nemmeno un dettaglio della città.

I remember it as if it happened just yesterday. Our names appeared on the two thick paper tickets, the date of a few weeks ahead was indicated on the space dedicated to the date and above all the destination was clearly stated as Paris!

I think I actually jumped off my seat at how surprised and happy I was, for a moment I couldn't believe what I was reading. He had really organized everything, the kids would spend a week with their uncles and aunts before going back to school and we would spend a whole week visiting the city of Paris. It was truly a dream and shortly after I discovered that everyone else, including my children and the rest of the family, already knew about the plan and were keeping it a secret, just to surprise me. Everyone had given a hand to make the trip possible, which is why I say that it was the affection and attention of my family that got me through even the most tiring and difficult moments, I couldn't imagine a more beautiful gift.

I still remember that week we spent in Paris as one of the best ever. A real movie vacation.

Our Hotel was small and charming, with large windows that let in the golden light. Our room was elegantly furnished, with a large gilt-framed mirror and a white wooden table that matched the bed. The room overlooked a quiet street and just across there was a wine shop with a red sign and a window full of bottles.

On the first floor, the hotel had a breakfast room dotted with tables with white tablecloths occupied by tourists from all over the world. Every morning the scent of freshly baked sweets and cakes filled the air and mixed with the scent of hot coffee. Starting the day in the large bright living room was very nice and I felt like a queen as I sipped hot cocoa from a white ceramic mug decorated with small blue flowers.

We walked on the wide avenues, dotted with famous fashion brand shops and tourists who, like us, walked with their noses in the air trying not to miss a single detail of the city.

Abbiamo mangiato per la prima volta le crèpe appena fatte, in un piccolo stand per la strada coperto da una tenda a righe rosse e bianche, ricordo che la giornata l'avevamo passata a passeggiare e a visitare parchi e musei.

Ogni giorno compravamo una baguette ancora calda dal **panettiere** proprio sotto il nostro albergo. Invece dal negozio di vini avevamo scelto con cura delle bottiglie di vino da portare come souvenir ad alcuni amici e parenti. La commessa del negozio era stata molto gentile e dato che noi non ci intendevamo per niente di vini, era stata lei ad ascoltare con cura a chi era destinata ogni bottiglia e ci aveva trovato quelle più adatte per ognuno. Il padrone del negozio abituato ad avere tanti turisti tra i suoi clienti aveva imballato le bottiglie con estrema cura e fortunatamente erano arrivate a casa senza problemi. Inoltre avevano avuto un grande successo e tutti ci avevano moto ringraziato del regalo.

Naturalmente abbiamo visitato i musei, c'erano così tante opere d'arte tra quadri e sculture che avremmo potuto passarci un mese senza riuscire a vedere tutto. Abbiamo comprato una piccola borsa elegante alla nostra figlia più grande in uno dei grandi negozi del centro, che aveva scartato il regalo con grandissimo entusiasmo già in aeroporto al nostro ritorno.

Abbiamo ancora adesso appeso a casa una quadro, rappresenta il centro storico di Parigi. Lo avevamo comprato una sera da un pittore di strada ed avevamo visto noi stessi l'immagine prendere forma sulla tela.

Abbiamo fatto un giro in battello sulla Senna, prima di allora non sapevo neanche che fosse possibile navigare sul fiume con tanta facilità! Eravamo seduti davanti ad una donna elegante che portava un grande mazzo di fiori bianchi e rosa. Ricordo che quel giorno aveva piovuto un poco la mattina ma noi avevamo passato quelle ore tutti intenti a visitare un museo pieno di statue, tanto che eravamo troppo occupati per fare caso al tempo. Mentre la sera era bellissima ed avevamo scelto di prendere il battello proprio al tramonto.

Naturalmente siamo saliti sulla Tour Eiffel, non può mancare.

We ate freshly made crepes for the first time, in a small stand on the street covered by a red and white striped tent. I remember we spent the day walking around and visiting parks and museums.

Every day we bought a still warm baguette from the baker just below our hotel. Instead, from the wine shop we had carefully chosen bottles of wine to take as souvenirs to some friends and relatives. The shop assistant had been very kind and since we didn't know anything about wines, she had listened carefully to who each bottle was intended for and had found the most suitable ones for each one. The owner of the shop who was used to have many tourists among his customers, had packed the bottles with extreme care and fortunately they had arrived home without problems. They had also been a great success and everyone thanked us very much for the gift.

Of course we visited the museums, there were so many works of art between paintings and sculptures that we could have spent a month there without being able to see everything. We bought a small but elegant bag for our eldest daughter in one of the big shops in the city, and she enthusiastically unwrapped the gift at the airport on our return.

We still have a painting hanging at home, it represents the historic center of Paris. We had bought it one evening from a street painter and we ourselves had seen the image take shape on the canvas.

We took a boat ride on the Seine, before that I didn't even know it was possible to navigate the river so easily! We were seated in front of an elegant woman carrying a large bouquet of pink and white flowers. I remember that it had rained a little in the morning that day but we had spent those hours all intent on visiting a museum full of statues, so much so that we were too busy to notice the weather. While the evening was beautiful and we had chosen to take the boat right at sunset.

Of course, we went up to the Eiffel Tower, it can't be missed.

La prima volta che abbiamo tentato di salire sino in cima abbiamo scoperto che la fila per fare il biglietto era così lunga che girava tutto intorno alla base della torre.

Il giorno dopo, come ci ha consigliato la nostra guida della città, ci siamo alzati di buon mattino in modo da metterci in fila appena possibile. Come d'incanto il trucco ha funzionato. Dopo pochi minuti avevamo i nostri biglietti in mano ed eravamo pronto a salire in cima su uno dei grandi ascensori grigi. Io ho sempre avuto paura dell'altezza ma un'occasione così non capita tutti i giorni quindi tenendo stretta la mano di mio marito sono salita sull'**ascensore**. Siamo andati sempre più in alto e quando le porte si sono aperte siamo usciti sulla **terrazza** dell'ultimo piano. Oltre la balaustra potevamo vedere nell'aria chiara del mattino tutta la città ai nostri piedi, i palazzi riccamente decorati, i parchi. Abbiamo cominciato ad indicare questa o quella via cercando di riconoscere quelle da cui eravamo passati i giorni prima. La vista era bellissima al punto che nonostante l'altezza mi sono dimenticata di avere paura.

The first time we attempted to climb to the top we discovered that the ticket line was so long that it went all the way around the base of the tower.

The next day, as our city guide advised us, we got up early in the morning to get in line as soon as possible. As if by magic the trick worked. After a few minutes, we had our tickets in hand and were ready to ride to the top on one of the big gray lifts. I've always been afraid of heights but an occasion like this doesn't come every day so holding my husband's hand I got on the lift. We went higher and higher and when the doors opened we went out onto the top-floor terrace. Beyond the balustrade, we could see in the clear morning air the whole city at our feet, the richly decorated buildings, the parks. We began to indicate this or that street trying to recognize the ones we had passed through the days before. The view was so beautiful that despite the height I forgot I was ever scared.

## Vocabulary

**Cartine**: Maps
**Incorniciate**: Framed
**Appese**: Hung up
**Sposini**: Young bride and groom
**Affollate**: Busy
**Panettiere**: Baker
**Ascensore**: Lift/ elevator
**Fiera**: Proud
**Graziose**: Pretty

## Questions

**1) This family has a particular interest in an activity, which activity is it?**
a) Going camping
b) Snowboarding
c) Going to classical music concerts
d) Traveling around the world
e) Growing plants

**2) How was the last year going for the family in the story?**
a) Really good they were on a vacation cruise
b) Really good they went to Madrid
c) Really stressful and busy
d) Really boring and sad
e) Really unlucky the car broke down

**3) They tell us they visited other locations before, which were the locations?**
a) Monaco and Monte Carlo
b) Madrid London and Rome
c) Moscow Tokyo and Hosaka
d) Milan Venice and Naples
e) Toronto New York and Las Vegas

**4) There is a wedding anniversary surprise, what is it?**
a) Red roses
b) A new car
c) A trip to Prague
d) A trip to Paris
e) A trip to Rome

**5) The wife in the story is scared of something, what is it?**
a) Heights
b) Deep sea
c) Dogs
d) Cats
e) Cars

# Una serata tra amici-An evening with friends

## Riassunto

In occasione della festa di compleanno di Sara lei e il suo fidanzato Marco invitano tutti i loro amici più cari a festeggiare. La serata la passeranno del giardino sul retro della casa in cui i due si sono da poco trasferiti. La protagonista che fa la pasticcera di professione porta come regalo per l'amica una grande torta con le ciliege e la panna. La sera aprono i regali e si godono la compagnia nell'ambiente accuratamente preparato dai padroni di casa.

## Summary

The occasion is Sara's birthday party. She and her boyfriend Marco invited all their closest friends to celebrate together. The fun filled evening will be spent in the back garden of the house where the two have recently moved in. The protagonist who is a pastry chef by profession brings a large cake with cherries and cream as a gift for her friend. In the evening they open the presents and enjoy each other's company in the environment carefully prepared by the hosts.

Il compleanno di Sara è sempre una bella occasione. In parte perché lei e il suo ragazzo, Marco, organizzano sempre una festa in cortile. Da qualche anno si sono sistemati in una casa molto graziosa un poco fuori dalla città e vicina alla spiaggia. Quando si sono trasferiti tutti abbiamo aiutato a portare gli scatoloni e a dipingere le pareti. La casa aveva bisogno di un bel po di lavoro essendo rimasta disabitata per parecchi anni prima che Sara e Marco vi ci si trasferissero.

Mi vengono ancora i **brividi** lungo la schiena quando mi ricordo che uno di quei giorni in cui stavo aiutando Sara a riordinare la cucina un topo è uscito veloce come una freccia da sotto una credenza. Abbiamo urlato come due matte non so chi delle due deve aver avuto più paura.

Ma le feste e in generale tutte le riunioni a casa di Sara non erano speciali solo per la bellezza del luogo ma soprattutto per la cura con cui Sara organizzava qualunque evento.

Che fosse il suo compleanno o quello di qualcun altro ci teneva a far sentire tutti a casa ed a proprio agio e questo traspariva dal suo modo di fare e di sistemare ogni dettaglio con cura pensando ai suoi ospiti.

Anche quella sera, quando ha cominciato a fare buio ed il cielo era striato di rosa e di viola, Sara ha tirato fuori le piccole luci da **esterno** e le ha appese con cura in giardino. Ha tirato fuori una tovaglia colorata e tanti bicchieri di plastica verde e gialla. Ognuno di noi aveva un posto a tavola indicato da un segnaposto che aveva disegnato e colorato lei stessa con i nostri nomi. Sono quelle piccole cose che rendono tutto speciale.

La folta pianta di gelsomino sulla staccionata riempiva di profumo il piccolo spazio sul retro della casa e il quadrato di **prato** appena tagliato contribuiva a riempire l'aria di profumo.

Come l'ora stabilita si avvicinava gli amici hanno cominciato ad arrivare. Ma io sono arrivata con ben un ora di anticipo. Avevo i miei motivi per presentarmi tanto prima, però. Ho sempre amato cucinare e dopo la scuola ho aperto una piccola **pasticceria** in centro. Ovviamente preparo sempre la torta di compleanno per i miei migliori amici. Questa volta toccava a Sara e per lei avevo preparato una torta gelato a tre piani con panna montata e ciliegie in cima.

Sara's birthday is always a nice occasion. Partly because she and her boyfriend, Marco, always throw a backyard party. For some years now, they have settled in a very nice home, on the outskirts of the city and close to the beach. When they moved in, we all helped carry the boxes and paint the walls. The house needed a lot of work having been unoccupied for several years before Sara and Marco moved in.

I still get shivers down my spine when I remember that one of those days when I was helping Sara tidy up the kitchen a mouse came out as fast as an arrow from under a cupboard. We screamed like crazy, I don't know which of the two must have been more afraid.

But the parties and in general all the meetings at Sara's house were not only special for the beauty of the place but above all for the care with which Sara organized any event.

Whether it was her birthday or that of someone else, she wanted to make everyone feel at home and at ease and this was evident in her way of doing things and carefully arranging every detail thinking of the guests.

Even that evening, when it began to get dark and the sky was streaked with pink and purple, Sara took out the small outdoor lights and hung them carefully in the garden. She pulled out a colorful tablecloth and lots of green and yellow plastic cups. Each of us had a seat at the table indicated by a placeholder that she had drawn and colored herself with our names. It's those little things that make everything special.

The thick jasmine plant on the fence filled the small space at the back of the house with perfume and the square of freshly cut lawn contributed to filling the air with perfume.

As the appointed hour drew near the friends began to arrive. But I arrived an hour early. I had my reasons for showing up so early, though. I have always loved cooking and after school, I opened a small pastry shop in the city. Of course, I always make birthday cakes for my best friends. This time it was Sara's turn and for her I had prepared a three-tier ice cream cake with whipped cream and cherries on top.

Per essere certa che arrivasse a destinazione senza sciogliersi o rovinarsi ho terminato di decorarla nella cucina di casa di Sara e di Marco. I due stavano preparando il giardino per l'arrivo degli ospiti, avevano anche acceso due torce all'ingresso illuminando il piccolo sentiero di sassi che portava al retro della casetta.

Ho messo la torta nel **frigorifero** con estrema cura, per fare posto ho dovuto liberare tutto un ripiano in modo da appoggiare il grande vassoio.

Quest'anno, pensai, devo aver fatto la torta più alta di sempre, spero che sia buona. Mentre mi versavo un bicchiere d'acqua fredda da una caraffa con una fetta di limone fresco, ho sentito qualcuno all'ingresso. Una voce allegra arrivava dalla porta chiedendo "Permesso?" Ho riconosciuto subito la voce e quando sono andata alla porta ho trovato il primo ospite della sera oltre a me.

Il primo arrivato era Davide uno degli amici di più lunga data. Siamo andati a scuola insieme ed era terribilmente **chiassoso** in classe ma non mancava mai di farci ridere. Negli anni non è cambiato per niente, è sempre chiassoso, la voce alta e la battuta pronta è quello che si dice l'anima della festa. Se lui partecipa potete stare sicuri che la serata sarà divertente.

Dopo di lui è arrivata Elisa che invece è tutto il contrario. Elisa parla sempre piano e con calma, considera con attenzione tutto quello che dice e piuttosto che parlare di se stessa preferisce ascoltare.

Dopo ancora sono arrivati Matteo e Giulia. Matteo aveva frequentato la nostra stessa scuola. Allora era il più studioso e il più maturo tra tutti noi. Sempre il primo della classe ed infinitamente paziente, ricordo che aiutava tutti con i compiti a casa. Infatti adesso fa l'insegnante e sono sicura che i suoi studenti lo adorano.

Mentre Giulia è stata l'ultima aggiunta al nostro gruppetto. L'ho conosciuta per caso quando stavo appena aprendo la pasticceria e mi ero resa conto di avere un disperato bisogno di aiuto per gestire il locale. Avevo messo un annuncio in tutta fretta e tra le candidate che avevano risposto, c'era Giulia. L'avevo assunta subito e sono rimasta stupita dalla sua professionalità ma anche dalla sua personalità, sempre sorridente e piena di energie.

To make sure it arrived at its destination without melting or getting damaged, I finished decorating it in the kitchen of Sara and Marco's home. The two were preparing the garden for the arrival of the guests, they had also lit two torches at the entrance, illuminating the small stone path that led to the back of the house.

I put the cake in the refrigerator with extreme care, to make room I had to free up a whole shelf to fit the large tray.

This year, I thought, I must have made the tallest cake ever, I hope it's good. As I poured myself a glass of cold water from a carafe with a slice of fresh lemon, I heard someone at the entrance. A cheery voice came from the door asking "May I come in?" I recognized the voice right away and when I went to the door I found the first guest of the evening beside me.

The first to arrive was Davide, one of our longest-standing friends. We went to school together and he was awfully loud in class but he never failed to make us laugh. It hasn't changed at all over the years, he is always loud, has a resounding voice and ready jokes, he is the soul of the party. If he participates you can be sure that the evening will be fun.

After him came Elisa who is quite the opposite. Elisa always speaks slowly and calmly, carefully considers everything she says and rather than talking about herself, she prefers to listen.

After that Matteo and Giulia arrived. Matteo had attended our same school. He was then the most studious and the most mature out of us. Always at the top of the class and endlessly patient, I remember him helping everyone with their homework. In fact, he's now a teacher and I'm sure his students love him.

While Giulia was the latest addition to our group. I met her by chance when I was just opening the bakery and realized I was in desperate need of help running the place. I had put an ad in a hurry and among the candidates who responded was Giulia. I hired her right away and I was amazed by her professionalism but also by her personality, always smiling and full of energy.

Penso che quei primi mesi difficili in cui stavo avviando la mia pasticceria siano passati così in fretta soprattutto grazie al suo sostegno. Anche dopo che ha smesso di lavorare con me al locale siamo rimaste in contatto ed alla fine è diventata una delle amiche più care che ho oltre che una fantastica assistente in caso di emergenza!

La sera procedeva in modo **gradevole**, Sara non ci ha deluso neanche quest'anno. Il cortile sembrava un luogo magico con le luci che cambiavano colore e la musica che usciva dagli altoparlanti **furbescamente** nascosti nei cespugli. Abbiamo parlato, riso, e raccontato storie. Davide ci ha fatto ridere tanto che a un certo punto ha cominciato a farmi male lo stomaco. Stava raccontando qualche **storiella** buffa col suo modo di fare che catturava sempre l'attenzione di tutti i presenti. Quando mi sono girata a guardare verso Sara ho notato con piacere un grande sorriso sul suo volto. La padrona di casa era ovviamente molto fiera di come la sua serata stava procedendo. Abbiamo parlato di tutto e di niente, come si fa tra amici che si conoscono da una vita e si fidano l'uno dell'altro.

Naturalmente Sara ha aperto i regali e si poteva capire da chi arrivava ogni pacchetto da come erano incartati. Quello di Giulia aveva un gigantesco fiocco rosa, quello di Davide era incartato **malissimo**, quello di Elisa era un agenda accuratamente avvolta nella carta velina blu.

Il mio regalo quest'anno era la gigantesca torta a tre piani. Era così pesante che per portarla ho dovuto sollevarla con due mani. Abbiamo detto a Sara di tenere gli occhi chiusi intanto che sistemavo la torta sul tavolo e naturalmente accendevo le candeline sulla cima, in mezzo a una mare di panna montata. Quando Sara ha aperto gli occhi abbiamo esclamato tutti "Sorpresa!".

La torta è stata un successo e a fine serata con la pancia piena ci siamo messi a guardare le stelle che erano ormai alte in cielo. Tra di noi l'unico a conoscere i nomi delle costellazioni era Matteo che come sempre in questi casi ha cominciato ad indicarcele raccontandoci della loro storia e di come erano state scoperte dagli uomini antichi.

La serata è giunta al termine ed uno ad uno gli ospiti hanno salutato. Prima di andare via però tutti abbiamo promesso di vederci presto.

I think those first difficult months when I was starting my bakery went by so quickly mainly thanks to her support. Even after she stopped working with me at the bakery we kept in touch and she ended up becoming one of my closest friends as well as a fantastic emergency assistant!

The evening proceeded pleasantly, Sara did not disappoint us this year either. The courtyard looked like a magical place with the lights changing colors and the music playing from speakers cleverly hidden in the bushes. We talked, laughed, and told stories. Davide made us laugh so much that at one point my stomach started hurting. He was telling some funny story in his way that always caught the attention of everyone present. When I turned to look at Sara I was pleased to notice a big smile on her face. The hostess was obviously very proud of how her evening was progressing. We talked about everything and nothing, as is done between friends who have known each other for a lifetime and trust each other.

Naturally Sara opened the presents and you could tell who each package came from by how they were wrapped. Giulia's had a giant pink bow, Davide's was badly wrapped, and Elisa's was an agenda carefully wrapped in blue tissue paper.

My treat this year was the giant three-tier cake. It was so heavy that I had to lift it with two hands to carry it. We told Sara to keep her eyes closed as I set the cake on the table and of course lit the candles on top admits a sea of whipped cream. When Sara opened her eyes we all exclaimed "Surprise!".

The cake was a success and at the end of the evening, with full bellies, we started looking at the stars that were now high in the sky. Among us, the only one who knew the names of the constellations was Matteo who, as always on these occasions, began to point them out to us, telling us about their history and how they had been discovered by ancient men.

The evening came to an end and one by one the guests said goodbye. Before leaving, however, we all promised to see each other soon.

Sara e Marco ci hanno salutati dal cortile ancora illuminato e potevo vedere, anche mentre mi allontanavo, i due volti sorridenti che sembravano brillare sotto le stelle. Ricordo con molto piacere quella serata, e non vedo l'ora di vedere di nuovo i miei amici, sono molto fortunata a fare parte di un gruppo di persone così **affiatate**.

Sara and Marco greeted us from the still-lit courtyard and I could see, even as I walked away, the two smiling faces that seemed to sparkle under the stars. I remember that evening very fondly, and I can't wait to see my friends again, I am very lucky to be part of such a close-knit group of people.

## Vocabulary

**Brividi**: Shivers
**Esterno**: Outside
**Prato**: Grass
**Pasticceria**: Pastry shop
**Frigorifero**: Fridge
**Chiassoso**: Loud
**Gradevole**: Nice
**Furbescamente**: Sneakily
**Storiella**: Short story / simple story
**Malissimo**: Very badly
**Affiatate**: Close-knit

## Questions

**1) What are the friends celebrating?**
a) the end of the year
b) Christmas
c) the end of the school
d) Halloween
e) Sara's birthday

**2) Who are the guests they invite to the party?**
a) the neighbors
b) the closest friends
c) Sara's family members
d) Marco's family members
e) new friends they made

**3) What does the narrating character do as a job?**
a) she owns a tennis school
b) she owns a pizza place
c) she owns a pastry shop
d) she owns a beauty salon
e) she doesn't tell us

**4) What flavors are chosen for the birthday cake?**
a) cherry and cream
b) pineapple and kiwi
c) apple and cream
d) tomato and salad
e) mango and papaya

**5) How does the evening end ?**
a) badly, they have to fight
b) very good, the protagonist says she feels lucky
c) very good they go to an expensive restaurant
d) badly, the cake has been stolen
e) not so good, it was very boring

# Il vecchio corvo-The old crow

## Riassunto

Il nonno racconta sempre storie di quando era bambino e viveva in un piccolo villaggio. Tra queste storie c'è quella in cui il nonno, allora bambino trovano un corvo mentre giocano. Il corvo non vola allora lo portano dal veterinario del paese che è gentile e disponibile. Con le cure del vecchio saggio e l'entusiasmo e l'affetto dei bambini il corvo presto guarisce e può tornare a volare liberamente. I bambini ricordano per sempre quell'avvenimento così particolare.

## Summary

A grandfather always tells stories about when he was a child and lived in a small village. Among these stories one of the best ones is about an injured crow. The grandfather, who then was a child, finds a crow while playing With his friends. The crow doesn't fly so they take him to the village vet, who is kind helpful, and knowledgeable. With the care of the wise old man, and all the enthusiasm and affection from the children of the village, the crow soon recovers and can fly freely again. The children will always remember that magical event.

Quando erano piccoli i miei **nonni** non abitavano in città ma in un piccolo paese. Si sarebbero trasferiti solo molti anni dopo. Hanno trascorso tutta la loro infanzia e **adolescenza** in una vallata verde. I bambini avevano più libertà di uscire da soli perché gli abitanti erano pochi e tutti si conoscevano tra di loro. Mio nonno con i suoi amici, quando non erano a scuola, passavano il tempo ad esplorare boschi e **frutteti**. Ci racconta spesso tante cose di come era la vita allora, tante storie divertenti e alcune tristi. Tra tutte le storie la mia preferita era quella sul giorno in cui avevano trovato il corvo e lo avevano voluto portare a casa.

Ma prima di tutto la giornata era una come le altre, mio nonno che allora era un bambino ed il suo gruppetto di amici, cugini e vicini di casa stavano giocando a guardia e ladri all'ombra degli alberi di pino. Il sole era alto in cielo e sulla strada ogni tanto passavano trattori e altri camion che trasportavano mangime per gli animali. Sul confine tra la strada e il campo di mais subito dopo c'era una grande fontana da cui andavano periodicamente a bere quando si stancavano di correre.

Quando la mattina volgeva al termine e l'ora del pranzo si avvicinava mio nonno era andato a prendere una **sorsata** di acqua alla fontana e mentre infilava la testa sotto alla piccola cascata di acqua fresca ha notato qualcosa con la coda dell'occhio. Poco lontano da lui una macchia nera a terra aveva attirato la sua attenzione, risaltava in particolar modo perché tutto attorno il prato era di un color verde brillante ed era disseminato di fiori rossi. Quell'unico oggetto tutto nero era un corvo seduto in mezzo all'erba. Mio nonno che era il più piccolo del gruppo è corso ad avvisare gli altri ed in un attimo il gruppetto di bambini si era cautamente riunito intorno al corvo.

Stavano discutendo tra loro perché non sapevano che fare. I corvi non si lasciano mai avvicinare così tanto, mentre questo stava seduto con aria indifferente **circondato** da tante persone. Forse era ferito, anche se non riuscivano a capire quale fosse il problema. Il corvo stava tranquillamente seduto, girando ogni tanto la testa verso i bambini. A un certo punto uno dei bambini ha allungato una mano tremante ed ha accarezzato la testa del corvo, pronto a ritirare la mano in fretta se quello avesse provato a **beccarlo**.

When they were joung my grandparents didn't live in the city but in a very small town. They would only move many years later.

They spent their entire childhood and adolescence in a green valley. The children had more freedom to go out on their own because the inhabitants were few and everyone knew each other. My grandfather and his friends, when they weren't at school, spent their time exploring woods and orchards. He often tells us many things about how life was back then, many funny stories and some sad ones. Of all the stories my favorite was the one about the day they found the crow and decided to take it home.

But at first, the day was like any other, my grandfather who was then a child, and his group of friends, cousins, and neighbors were playing cops and robbers in the shade of the pine trees. The sun was high in the sky and tractors and other trucks carrying animal feed occasionally passed on the road. On the boundary between the road and the cornfield immediately after was a large fountain from which they periodically went to drink when they tired of running.

As the morning drew to a close and lunchtime approached my grandfather had gone to take a sip of water from the fountain and as he stuck his head under the small waterfall of fresh water he noticed something out of the corner of his eye. Not far from him a black spot on the ground had attracted his attention, it stood out especially because all around the lawn was of a bright green color and was strewn with red flowers. That one all-black object was a crow sitting in the grass. My grandfather who was the youngest of the group ran to warn the others and in a moment the group of children had cautiously gathered around the crow.

They were arguing with each other because they didn't know what to do. Crows never get that close, while this one sat casually surrounded by so many people. Maybe he was hurt, even if they couldn't figure out what was the matter. The raven sat quietly, occasionally turning his head towards the children. At one point one of the children reached out with a shaking hand and stroked the crow's head, ready to quickly withdraw his hand if the crow tried to peck at it.

Ma il corvo non lo ha beccato ne è sembrato infastidito. Un altro bambino ha tirato fuori dalla tasca un pezzo di pane e lo ha posato davanti al corvo. Tutti si sono tirati indietro aspettando che lo andasse a prendere, ma il corvo è rimasto fermo ignorando il pezzetto di pane bianco davanti a lui.

Alla fine uno dei bambini ha detto che forse avrebbero dovuto portare a casa perché se continuava a stare seduto li una volta arrivata la sera una **volpe** lo avrebbe sicuramente mangiato. Tutti i bambini erano d'accordo e uno si è cautamente fatto avanti ed ha sollevato il corvo con due mani. Il poveretto ha fatto un verso di sorpresa ma non ha cercato di liberarsi e così la strana processione col corvo per primo si è diretta sino al centro del paese.

Avevano deciso di portarlo dal veterinario del paese, un signore anziano e gentile con la pelle scura e la testa piena di capelli bianchi. Il veterinario aveva passato tanti anni a prendersi cura degli animali domestici e delle fattorie circostanti. Dal suo studio erano passati cani, gatti, canarini, ma anche **vitellini**, cavalli, **ricci** e galline. Oltre ad avere tanta esperienza era una persona generosa che non rifiutava mai un paziente nel momento del bisogno.

Nello studi del veterinario i bambini affidarono il loro nuovo amico corvo al dottore che con movimenti delicati ma sicuri cominciò ad esaminarlo. I bambini erano tutti riuniti attorno, aspettando pieni di speranza di sentire che cosa non andava col corvo e cosa potevano fare per aiutarlo. Il dottore alla fine aveva detto che aveva entrambe le ali rotte ed era per questo che non poteva volare. Mio nonno dice sempre che a questo punto si era messo a piangere perché anche lui si era rotto un braccio l'anno prima ed era stato orribile. Il veterinario però ha consolato un po tutti. Ha fasciato e messo delle stecche alle ali del corvo e ha detto che lo avrebbe ospitato nel suo pollaio tutto il tempo necessario perché guarisse.

Il **pollaio** del dottore era giusto dietro lo studio e oltre a qualche gallina e ad un pigro cane da guardia c'era spazio a sufficienza.

But the crow didn't peck at him nor did he seem annoyed. Another child took a piece of bread out of his pocket and placed it in front of the crow. Everyone stood back waiting for him to pick it up, but the raven just stood there ignoring the piece of white bread in front of him.

Finally one of the kids said that maybe, they should take it home because if he continued to sit there once evening came a fox would surely eat him. All the children agreed and one of them cautiously stepped forward and lifted the raven with two hands. The poor fellow made a cry of surprise but didn't try to free himself and so the strange procession with the crow first went into the center of the town.

They had decided to take him to the village vet, an elderly gentleman with dark skin and a full head of white hair. The vet had spent so many years taking care of the pets and the surrounding farms. Dogs, cats, canaries, but also calves, horses, hedgehogs, and chickens had gone through his studio. In addition to having a lot of experience, he was a generous person who never refused a patient in times of need.

In the veterinary office, the children entrusted their new crow friend to the doctor who, with delicate but sure movements, began to examine him. The children were all gathered around, waiting keen to hear what was wrong with the crow and what they could do to help it. The doctor finally said that both of his wings were broken and that was why he couldn't fly. My grandfather always says that at this point he started crying because he too had broken his arm the year before and it had been horrible. The vet, however, consoled everyone a bit. He bandaged and splinted the crow's wings and said he would house him in his chicken coop as long as it took for it to heal.

The doctor's chicken coop was just behind the office and apart from a few hens and a lazy guard dog there was plenty of room.

I bambini hanno costruito per il corvo un nido prendendo pezzetti di paglia e vecchi stracci, lo hanno delicatamente sistemato nel suo nuovo letto sollevandolo con delicatezza come se potesse andare in pezzi solo a sfiorarlo. Il dottore ha portato due tazze con acqua e semi per sfamare il suo paziente e così la sua nuova casa era pronta.

I giorni sono passati e si sono trasformati in settimane, il corvo adesso al sicuro sotto lo sguardo attento del cane da guardia del veterinario ancora non si muoveva, però aveva cominciato a mangiare e bere. Ormai tutti i bambini del paese sapevano del corvo e tutti si erano incaricati di aiutare il nuovo amico a guarire. Quando avevano saputo che mangiava i semi tutti i giorni qualche bambino passava a trovarlo portando semini o un po di pane. Si fermavano a cambiare l'acqua nella tazza e guardavano con attenzione quando il veterinario cambiava le bende sulle grandi **ali** nere. Col passare del tempo il corvo era diventato una parte integrante delle loro giornate. Tutti i giorni al ritorno da scuola mio nonno si presentava dal veterinario e chiedeva di vedere il corvo. Gli portava quello che restava della sua merenda, accarezzava la piccola testa e gli raccontava cosa aveva fatto quel giorno.

Il corvo aveva cominciato a muoversi un pochino e ogni tanto gracchiava, così che dava l'impressione che rispondesse a quello che i bambini gli raccontavano.

Le settimane sono diventate mesi e il veterinario un giorno ha detto che il corvo poteva adesso essere liberato dalle fasciature. Per l'occasione tutti i bambini si sono riuniti ad assistere. Il corvo ancora non volava ma aveva cominciato a saltellare nel pollaio, per la sorpresa delle **galline** che non sapevano che pensare di questo strano vicino di casa. Col tempo e con tante cure aveva ricominciato a battere le ali. Quando lo andavano a vedere i bambini lo trovavano che saltava e batteva le ali, come un atleta che si allena con impegno. Dopo un po di tempo i salti erano diventati sempre più grandi ed un giorno aveva volato per qualche secondo con grande entusiasmo di tutti che avevano cominciato ad applaudire come se fossero a un concerto. Il veterinario che seguiva silenziosamente gli eventi aveva dichiarato che tra poco il loro amico sarebbe guarito del tutto.

The children have built a nest for the crow by taking bits of straw and old rags, and have delicately placed him in his new bed, lifting him carefully as if he could fall apart just by touching him. The doctor brought two cups of water and seeds to feed his patient and like so his new home was ready.

The days passed and turned into weeks, the crow now safe under the watchful eye of the vet's watchdog still didn't move, but he had started eating and drinking. By now all the children in the village knew about the crow and everyone had taken it upon themselves to help their new friend heal. When they learned that he ate seeds every day, some children would visit him bringing seeds or some bread. They would stop to change the water in the cup and watch closely as the vet changed the bandages on the big black wings. Over time the crow had become an integral part of their days. Every day after school my grandfather went to the vet and asked to see the crow. He brought him what was left of his school snack, stroked the little head and told him what he did that day.

The crow had begun to move a little and occasionally croaked, so that it gave the impression that it was responding to what the children told it.

Weeks turned into months and the vet one day said the crow could now be freed from the bandages. For the occasion, all the children gathered to assist. The crow still didn't fly but had started hopping in the chicken coop, to the surprise of the hens who didn't know what to think of this strange neighbor. Over time and with much care it had begun to flap its wings again. When the children went to see him, they found him jumping and flapping his wings, like an athlete who trains. After a while the jumps got bigger and bigger and one day it flew for a few seconds with the great enthusiasm of everyone who started clapping as if they were at a concert. The vet who was silently following the events had declared that their friend would soon be fully recovered.

Proprio come aveva previsto dopo ancora qualche settimana il corvo aveva cominciato a volare dentro la casa del veterinario e a gracchiare con impazienza. Era arrivata l'ora per il paziente di essere rimesso in libertà.

Una bella giornata di sole di buon mattino i bambini si riunirono tutti e col corvo seduto nel suo nido come in un trono lo sollevarono e lo portarono nel campo in cui lo avevano trovato la prima volta tanti mesi fa. Il corvo finalmente guarito zampettò fuori dal nido e con un paio di battiti di ali prese il volo. I bambini ed il veterinario tutti col naso per aria potevano vedere la sagoma scura volare in alto nel cielo azzurro.

Just as he had expected after a few more weeks the crow had started flying into the vet's house and cawing impatiently. It was time for the patient to be released.

A beautiful sunny day early in the morning the children all gathered and with the crow sitting in its nest as in a throne, they lifted it up and carried it to the field where they had first found it all those months ago. The finally healed crow scampered out of the nest and with a few flaps of its wings took flight. The children and the vet all with their noses in the air could see the dark shape flying high in the blue sky.

## Vocabulary

**Nonni**: Grandparents
**Adolescenza**: Teenage years
**Frutteti**: Orchads
**Sorsata**: Gulp
**Circondato**: Surrounded
**Beccarlo**: Peck him
**Volpe**: Fox
**Vitellini**: Little calves
**Ricci**: Hedgehogs
**Pollaio**: Chicken coop
**Galline**: Hens

## Questions

**1) Where is the story set?**
a) in a small village
b) in a big city
c) in a wealthy country club
d) in a rented home
e) on a snowy mountain

**2) When did this story is set?**
a) it is happening right now
b) the events that happened yesterday
c) a long time ago
d) a few hours ago
e) it will happen in the future

**3) What animal is discovered by the children?**
a) a big chicken
b) a small chicken
c) a hen
d) a crow
e) a fox

**4) What do the children decide to do?**
a) they run away in fear
b) they go and tell their parents
c) they ask for help from the teacher
d) they hide
e) they ask for help from the vet

**5) What does the injured animal do?**
a) it remains calm
b) it hides away in a bush
c) it bites
d) it flies away immediately
e) it starts to sing

# La nuova scuola-The new school

## Riassunto

Un bambino vorrebbe poter passare più tempo a giocare col papà, che però lavora tanto e quando torna a casa è sempre troppo stanco. Il sogno del bambino si realizza quando il papà cambia lavoro e non è più troppo occupato per passare del tempo con lui. Però la famiglia si deve trasferire più vicino al nuovo posto di lavoro del papà. Per questo il bambino dovrà trasferirsi in una nuova scuola dove no conosce nessuno. A causa del nuovo ambiente in cui si trova il bambino è presi dalla timidezza ma grazie a dei nuovi amici supera questo momento.

## Summary

A child wishes he could spend more time playing with his dad, but he works a lot and when he comes home he's always too tired. The child's dream comes true when the father changes jobs and is no longer too busy and stressed out to spend time with him. But the family has to move closer to the father's new workplace. For this, the child will have to move to a new school where he doesn't know anyone and make new friends. Due to the new environment, the child is feeling shy and insecure. But thanks to the fateful meeting with some new friend he happily overcomes the difficult moment.

Il papà di Alessandro aveva cambiato lavoro. Alessandro non sapeva ancora che cambiamenti questo avrebbe portato ma era molto **contento**. Infatti sino ad allora il Alessandro e la mamma aspettavano con ansia che il papà tornasse a casa alla sera. Il bambino in particolar modo aspettava perché avrebbe voluto poter giocare insieme ma purtroppo il papà tornava sempre **stanco** e di **cattivo umore**. Aveva appena le energie per mangiare la cena con Alessandro e la mamma seduti al tavolo della cucina prima di andare a letto. Quando è arrivata la notizia del nuovo lavoro la mamma ha fatto i biscotti per festeggiare, tutti gli amici sono venuti a casa a salutare e a dare le congratulazioni per la bella notizia. Anche Alessandro era entusiasta perché il papà aveva tutto il tempo per giocare con lui.

Una di quelle sere però i genitori gli annunciarono che prima dell'inizio della scuola si sarebbero trasferiti ad abitare più vicini al nuovo ufficio del papà e Alessandro avrebbe frequentato una nuova scuola.

Il giorno dopo sono andati tutti insieme a vedere la casa dove si sarebbero trasferiti ma Alessandro non era per niente felice. Aveva guardato **diffidente** la grande casa vuota, la mamma gli aveva anche indicato una delle camere dicendo che quella sarebbe stata la sua camera da letto. La mamma gli aveva fatto notare quanto era più grande di quella dove dormiva ora e come era bella e luminosa. Alessandro guardando la camera vuota non era per niente convinto voleva tornare nella sua piccola stanza con i suoi giocattoli e la casa che aveva sempre conosciuto. Inoltre non voleva cambiare scuola e dover salutare tutti i suoi amici.

Però dopo qualche mese il giorno del trasloco è arrivato. Entrando nella nuova casa Alessandro notò che non era più vuota e **strana** come prima, adesso tutti i loro mobili erano disposti ordinatamente. C'era una televisione nuova nel salotto e tanti vasi con i fiori colorati erano nel terrazzo da cui entrava un vento gradevole. Anche la sua nuova camera era molto diversa, i suoi genitori lo avevano voluto sorprendere e avevano dipinto le pareti di verde, il suo colore preferito. Il letto era nuovo e soffice come una nuvola, tutti i suoi animali di peluche lo aspettavano seduti in ordine sulle coperte. Dalla finestra entrava il sole e si vedevano le **fronde** di un albero alto e verde dall'altra parte della strada.

Alessandro's dad had changed jobs. Alessandro still didn't know what changes this would bring but he was very happy. In fact, until then, Alessandro and his mother anxiously waited for Dad to return home in the evening. The child especially, waited because he wanted to be able to play together but unfortunately the father always came back tired and in a bad mood. He barely had the energy to eat dinner with Alessandro and his mother sitting at the kitchen table before going to bed. When the news of the new job arrived, the mother made cookies to celebrate, all the friends came home to say hello and congratulate him on the good news. Alessandro was also enthusiastic because his father had plenty of time to play with him now.

One of those evenings, however, his parents announced that before school started they would move to live closer to his father's new office and Alessandro would attend a new school.

The next day they all went together to see the house where they were going to move but Alessandro wasn't happy at all. He had looked at the big empty house warily, his mother had even shown him one of the rooms, saying that this would be his bedroom. His mother had pointed out to him how much bigger it was than the one where he was sleeping now and how beautiful and bright it was. Looking at the empty room, Alessandro was not at all convinced and he wanted to go back to his small room with his toys and the house he had always known. He also didn't want to change schools and have to say goodbye to all his friends.

But after a few months the day of the move arrived. Entering the new house Alessandro noticed that it was no longer empty and strange as before, now all their furniture was neatly arranged. There was a new television in the living room and many vases with colorful flowers were on the terrace from which a pleasant wind was blowing. Even his new room was very different, his parents had wanted to surprise him and had painted the walls green, his favorite color. The bed was new and soft as a cloud, all of his stuffed animals waiting for him sitting neatly on the blankets. From the window the sun was coming in and you could see the fronds of a tall, green tree across the street.

Davanti alla finestra era stata sistemata una piccola scrivania di legno chiaro con una sedia abbinata. Non l'aveva mai vista prima, i genitori dovevano averla comprata apposta per l'occasione e guardandola bene notò che era una versione più piccola di quella a cui sedeva di solito il papà nel suo studio. Alessandro quella sera mentre cenavano pensò che la nuova casa non era poi così male come aveva pensato all'inizio. Anzi, adesso che sembrava proprio una casa vera e tutte le sue cose erano al loro posto disse anche che era d'accordo con la mamma, questa casa era ancora più bella di quella di prima.

Un giorno le vacanze finirono ed arrivò il momento di riprendere a frequentare la scuola. La sera prima la mamma aveva ricordato ad Alessandro di andare a letto presto, gli aveva preparato il suo piatto preferito per cena ed il papà gli aveva anche letto una storia seduto sul bordo del letto per farlo addormentare. Nonostante questo Alessandro non era contento.

Il primo giorno di scuola mentre si trovava davanti all'ingresso il cuore gli batteva nel petto come un tamburo, poteva sentire le mani che gli sudavano mentre stringeva lo zaino pieno di libri e quaderni. Si girò a guardare verso la macchina da dove il papà, che lo aveva accompagnato gli ha fatto un sorriso ed un gesto di incoraggiamento. L'ingresso della scuola sembrava enorme così come l'edificio, pieno di bambini sconosciuti.

Durante l'ora di pranzo la **maestra** che era per fortuna piuttosto gentile ha salutato gli alunni. Sapendo che Alessandro era nuovo e non conosceva nessuno gli ha chiesto se andava tutto bene. Alessandro rispose di si ma se ne pentì quando entrò nella mensa della scuola e si rese conto che tutti i tavoli erano già occupati da gruppetti di bambini che mangiavano parlavano e ridevano. La sala era più grande di quella piccola e familiare della sua vecchia scuola e il fatto di non conoscere nessuno la faceva sembrare ancora più grande. Alessandro era rimasto fermo all'ingresso no sapendo dove andare o che fare. Tutti gli altri bambini che lo superavano ed entravano per andare a pranzo sembravano conoscersi già tutti a vicenda e solo lui si sentiva fuori posto.

A small light-wood desk with a matching chair had been set up in front of the window. He had never seen it before, his parents must have bought it especially for the occasion and looking closely he noticed that it was a smaller version of the one his father usually sat at in his study. While they were having dinner that evening, Alessandro thought that the new house wasn't as bad as he had thought at the beginning. Indeed, now that it really looked like a real house and all his things were in their place, he agreed with his mother, this house was even more beautiful than the one before.

One day the holidays ended and it was time to go back to school. The night before, his mother had reminded Alessandro to go to bed early, she had prepared his favorite dish for dinner and his father had read him a story sitting on the edge of the bed to put him to sleep. Despite this Alessandro was not happy.

On the first day of school, while he was standing in front of the entrance, his heart beat like a drum in his chest, he could feel his hands sweating as he clutched his backpack full of books and notebooks. He turned to look at the car from where his father, who had accompanied him, gave him a smile and a gesture of encouragement. The entrance to the school seemed huge as well as the building, full of unfamiliar children.

During the lunch hour the teacher who was fortunately quite kind greeted the pupils. Knowing that Alessandro was new and didn't know anyone, she asked him if everything was okay. Alessandro said yes but regretted it when he entered the school cafeteria and realized that all the tables were already occupied by small groups of children who were eating, talking and laughing. The hall was bigger than the small, familiar one at her old school, and not knowing anyone made it seem even bigger. Alessandro had stood still at the entrance, not knowing where to go or what to do. All the other children who passed him and came in to go to lunch seemed to know each other already and only he felt out of place.

Mentre pensava così qualcuno lo ha spinto facendolo cadere in avanti. Alessandro per un attimo troppo stupito per parlare si è girato ed ha visto il viso di un bambina alta con i capelli ricci. La bambina aveva cominciato a scusarsi, aveva inciampato, non voleva spingerlo. Aveva sulle spalle uno zaino enorme e pienissimo in più teneva in mano una pila di libri. Questo probabilmente spiegava come mai aveva inciampato, stava trasportando tante cose che probabilmente neanche vedeva dove andava. Alessandro rialzandosi si guardò **intorno** sentendosi un po in **imbarazzo** per essere caduto di fronte a tutti proprio il primo giorno. Ma quando notò che tutti erano troppo impegnati per badargli aveva riportato l'attenzione sulla bambina. Sembrava davvero dispiaciuta di averlo fatto cadere e si vedeva che era sincera. Sistemando meglio i libri che teneva in mano gli aveva chiesto se voleva sedersi accanto a lei a pranzo. Alessandro aveva accettato e per evitare incidenti futuri aveva anche aiutato a portare i libri. La bambina lo guidò attraverso un labirinto di tavoli sino ad uno dove un gruppetto di bambini erano già seduti e **ridevano** tra loro. La bambina salutò e gli altri fecero subito spazio ai due nuovi arrivati.

Alessandro scoprì così che la sua nuova amica si chiamava Martina e le piaceva leggere. Gli altri bambini seduti al tavolo erano i suoi amici. Sembravano simpatici e quando chiesero ad Alessandro perché non lo avevano mai visto prima lui raccontò del papà che lavorava tanto, del trasloco, della nuova camera con le pareti dipinte di verde. Tutti ascoltarono con grande interesse, volevano sapere come era la città dove abitava prima, se gli piacevano i videogiochi, se aveva fratelli e sorelle e come si chiamava la sua maestra. Alessandro tutto preso dalla conversazione e fiero di essere considerato interessante cominciò a sentirsi a suo agio e dopo poco anche lui rideva con il gruppetto di bambini come se si fossero conosciuti da sempre. La pausa pranzo finì velocemente e fu ora di **proseguire** con le lezioni.

A fine giornata fu la mamma a venire a prenderlo per tornare a casa. Alessandro corse verso la macchina e si sedette sul sedile posteriore. Mentre la mamma guidava le raccontò di tutte le novità e delle cose che aveva fatto quel giorno.

While he was thinking like this someone pushed him making him fall forward. Alessandro for a moment too shocked to speak turned around and saw the face of a tall girl with curly hair. The little girl had begun to apologize, she had tripped, she didn't want to push him. She had a huge and very full backpack on her shoulders, plus she was holding a pile of books in her hands. This probably explained why she had tripped, she was carrying so many things that probably couldn't even see where she was going. Alessandro got up and looked around feeling a little embarrassed for having fallen in front of everyone on the very first day. But when he noticed that everyone was too busy to look at him, he brought his attention back to the little girl. She looked genuinely sorry that she tripped him and you could tell she was sincere. Arranging the books she was holding, she asked him if he wanted to sit next to her at lunch. Alessandro accepted and to avoid future accidents he also helped carry the books. The little girl led him through a maze of tables to one where a handful of children were already seated and laughing among themselves. The little girl said hello and the others immediately made room for the two new arrivals.

Thus Alessandro discovered that his new friend was called Martina and she liked to read. The other kids sitting at the table were her friends. They seemed nice and when they asked Alessandro why they had never seen him before he told of his father who worked so hard, on the move, of the new room with the walls painted green. Everyone listened with great interest, they wanted to know what the city where he lived before was like, if he liked video games, if he had brothers and sisters and what his teacher's name was. Alessandro, completely engrossed in the conversation and proud of being considered interesting, began to feel at ease and after a while he too was laughing with the group of children as if they had known each other forever. The lunch break ended quickly and it was time to continue with the lessons.

At the end of the day it was his mother who came to get him to go home. Alessandro ran to the car and sat in the back seat. While mom was driving she told her about all the news and things she had done that day.

Parlò pieno di sorpresa di come la nuova scuola fosse diversa dalla vecchia, molto più grande e di come qui ci fossero tanti bambini che non aveva mai visto prima.

Il giorno dopo arrivò ufficialmente il suo secondo giorno di scuola. Ma questa volta non si sentiva più così **sperduto**, sapeva dove doveva andare per arrivare alla sua classe e quale era il suo banco. All'ora di pranzo si alzò di corsa come gli altri per andare nella sala mensa. All'ingresso aveva incontrato uno dei bambini che erano seduti con lui il giorno prima ed insieme avevano aspettato Martina per sedersi al tavolo tutti insieme.

Dopo poco tempo la nuova scuola non sembrava più così grande e la **mensa** non era più un labirinto di tavoli. La sera Alessandro aveva raccontato a un papà che questa volta era sorridente invece che stanco e imbronciato di come avevano decorato la nuova aula con cartelloni colorati, di come ognuno aveva potuto scegliere il suo colore e lui aveva scelto il verde. Aveva anche chiesto se poteva invitare i suoi nuovi amici a casa quel fine settimana e il papà aveva accettato.

He spoke in amazement of how the new school was different from the old one, much bigger and how there were so many children here that he had never seen before.

The next day her second day of school officially arrived. But this time he no longer felt so lost, he knew where he had to go to get to his class and which desk was his. At lunchtime he got up in a hurry like the others to go to the canteen. At the entrance he had met one of the children who had been sitting with him the day before and together they had waited for Martina to sit down at the table all together.

After a short time, the new school no longer seemed so big and the cafeteria was no longer a maze of tables. In the evening Alessandro told a father who this time was smiling, instead of being tired and sad, about how they had decorated the new classroom with colorful posters, how everyone had been able to choose one color and he had chosen green. He had also asked if he could invite his new friends over that weekend and his dad had accepted.

## Vocabulary

**Contento**: Happy
**Stanco**: Tired
**Cattivo** umore: Bad mood
**Diffidente**: Wary
**Strana**: Weird
**Fronde**: Tree fronds
**Maestra**: Elementary school teacher
**Intorno**: Around
**Imbarazzo**: Embarassement
**Ridevano**: They were laughing
**Proseguire**: To go on
**Sperduto**: Lost
**Mensa**: Cafeteria

## Questions

**1) Who is the main character in the story?**
a) the school teachers
b) the dad
c) the grandparents
d) the young child
e) the mom

**2) What does the main charter want?**
a) a new bedroom
b) more time with his dad
c) more time with his best friend
d) a green bedroom
e) a new television

**3) What happens that changes the main character's life?**
a) he gets a new dog
b) he changes schools
c) he gets a blue bedroom
d) he moves in with a friend
e) he gets a cat

**4) What does the main character think of the unexpected change?**
a) he is wary in the beginning
b) he doesn't care about it
c) he refuses to partake at all
d) he is immediately enthusiastic
e) he is very angry

**5) How does the story end?**
a) the kid makes new amazing friends
b) the teacher is mean and yells at the students
c) the kid can't find any friends
d) the family moves back home
e) the kid is unhappy

# In treno-On the train

## Riassunto

Una famiglia composta da genitori, figli e nipote, si reca un giorno in un'affollata stazione ferroviaria per prendere il treno. Devono partire quel giorno perché sono stati invitati al matrimonio della loro figlia più grande che da anni si è trasferita a vivere in città. La famiglia prepara con cura il percorso ed il tempo passa in fretta mentre osservano gli altri passeggeri. Alla fine il treno arriva a destinazione senza problemi e quando scendono nella stazione d'arrivo trovano la figlia ad aspettarli.

## Summary

A family made up of parents, children and a small grandson goes out one day to a crowded train station. They will catch the train. They have to leave that day because they have been invited to the wedding of their eldest daughter who has moved to live in the city for years. Time passes quickly as the happy family observes the other passengers coming and going. In the end, the train arrives at its destination without problems and when they get off the daughter is there waiting for them.

Proprio nel centro di una grande e **chiassosa** città nell'ora di punta una famiglia si era riunita alla stazione dei treni. In mezzo alla folla di **lavoratori** e turisti che andavano e venivano la famiglia stava ferma. Il piccolo gruppo familiare era composto da un signore con la moglie, un giovane uomo che era il figlio più giovane dei due e una coppia con un bambino piccolo, la figlia più grande, con il marito e il nipotino. Stavano aspettando che il ragazzo più **giovane** guardasse degli orari che aveva scritti su una piccola agenda rossa. Tutto il gruppo era chiaramente emozionato ed allegro. Circondati da bagagli e borse, persino il bambino, ancora troppo piccolo per sapere come funziona una stazione dei treni si guardava intorno con interesse.

Si trovavano in stazione per un occasione molto **lieta**. Tra qualche giorno si si sarebbe tenuto il **matrimonio** della seconda figlia dei due signori. Questa figlia si era trasferita per lavoro qualche anno prima e nella nuova città aveva inaspettatamente trovato l'amore. La fortunata coincidenza si era trasformata in una relazione felice e dopo qualche mese la ragazza aveva telefonato a casa dei genitori e quando la mamma aveva risposto al telefono no era riuscita ad aspettare neanche un secondo prima di dirle che si sarebbe sposata **entro** l'anno.

Ora tutta la sua famiglia non vedeva l'ora di raggiungerla. Le stazioni centrali delle grandi città sono sempre affollate e questa non faceva eccezione. Una folla di persone saliva e scendeva dai treni, controllava l'ora sul grande orologio da parete di ferro battuto. Alcuni parlavano al telefono, ogni tanto gruppetti di studenti di ritorno da scuola scendevano dal treno con lo zaino e si dirigevano all'uscita che portava verso le vie del centro per andare a passare del tempo con gli amici in qualche pizzeria alla moda.

Un uomo con un **completo** elegante è sceso di corsa dalle scale, probabilmente in ritardo per il lavoro, ed è saltato su un treno un attimo prima che le porte si chiudessero alle sue spalle. Ma non tutti si muovevano, un gruppo **numeroso** di turisti dall'aria confusa guardava una delle mappe della rete ferroviaria appesa alla parete, evidentemente incerti su quale dovessero prendere.

Right in the middle of a big, bustling city during rush hour a family had gathered at the train station. In the midst of the crowd of workers and tourists who came and went, the family stood still. The small family group consisted of a gentleman with his wife, a young man, the younger between the two, and a couple with a small child, the adult daughter, with her husband and child or grandson. They were waiting for the younger boy to look at timetables he had written in a small red notebook. The whole group was clearly excited and cheerful. Surrounded by luggage and bags, even the baby, still too young to know how a train station works, looked around with interest.

They were at the station for a very happy occasion. In a few days the wedding of the second daughter of the two gentlemen was to take place. This daughter had moved for work a few years earlier and had unexpectedly found love in the new city. The lucky coincidence had turned into a happy relationship and after a few months the girl called her parents' house and when her mother answered the phone she had not been able to wait even a second before telling her that she would get married within the year.

Now her whole family couldn't wait to join her. Central stations in big cities are always crowded and this was no exception. A crowd of people got on and off the trains, checking the time on the large wrought iron wall clock. Some talked on the phone, every now and then small groups of students returning from school got off the train with backpacks and headed for the exit that led to the streets of the center to go and spend time with friends in some trendy pizzeria.

A man in a suit came running down the stairs, probably late for work, and hopped onto a train just before the doors closed behind him. But not everyone moved, a large group of confused-looking tourists looked at one of the rail network maps hanging on the wall, evidently unsure about which one they should take.

La famiglia cominciò a muoversi quando il ragazzo ha alzato gli occhi dall'agenda ed ha detto qualcosa all'uomo che doveva essere il padre. I due si somigliavano molto se non fosse che l'uomo più anziano sfoggiava una capigliatura che cominciava ad **ingrigire** abbinata a una barba corta e curata. Il ragazzo con le gambe lunghe ed i jeans scuri stava indicando verso un cartellone con segnalati i numeri dei binari. Dietro a lui veniva il papà che tirava una valigia marrone, dietro a lui la moglie che non aveva valigia ma teneva in mano un grosso **cesto** che evidentemente conteneva il pranzo al sacco per la famiglia da consumare durante il viaggio, dopo di lei la giovane donna con il bambino in braccio avvolto in una soffice coperta color panna e a chiudere la fila suo marito che tirava infatti due valige con le ruote.

Data la folla il gruppo si doveva fare strada in fila indiana e la donna con in mano il cesto del pranzo ogni tanto si girava indietro per assicurarsi che il gruppo non si separasse e all'occorrenza chiamava i due in cima alla fila se era necessario che rallentassero per aspettare gli altri.

Navigando in mezzo al caos arrivarono sotto a un grande cartello blu che indicava il **binario** numero sei. Sul binario un treno era fermo con le porte aperte e dopo qualche manovra il gruppo fu finalmente sul treno. Il vagone si stava lentamente lentamente riempendo e cercando di non far incastrare le valige camminarono lungo lo stretto corridoio sino a che non trovarono posto a sedere. Questo sarebbe stato un viaggio lungo e tutti cominciarono a sistemare le valige nel compartimento sopra i sedili e a mettersi **comodi**. Una volta riusciti con successo a trovare i loro posti il gruppetto di persone sembrò finalmente rilassarsi. L'uomo più anziano prese in braccio il bambino piccolo facendo le **smorfie** per farlo ridere. Il ragazzo si mise ad ascoltare la musica con gli auricolari mentre le due donne e il giovane papà parlavano tra loro indicando ora fuori dal finestrino ora l'agenda rossa dove dovevano aver annotato tutte le informazioni che potevano essere utili per il viaggio.

The family began to move when the boy looked up from his diary and said something to the man who looked to be his father. The two looked a lot alike except that the older man sported hair that was starting to gray combined with a short, well-groomed beard. The long-legged boy in dark jeans was pointing at a billboard with track numbers on it. Behind him came his father pulling a brown suitcase, after him his wife, who had no suitcase but held a large basket in her hands which evidently contained the packed lunch for the family to be consumed during the journey, after her the young woman with the baby in her arms wrapped in a soft cream-colored blanket and closing the line her husband who in fact pulled two suitcases with wheels.

Given the crowds, the group had to make their way in single file and the woman holding the lunch basket turned back every now and then to make sure that the group did not separate and if necessary called the two at the top of the line if it was necessary to slow down to wait for the others.

Navigating through the chaos, they came under a large blue sign indicating platform number six. On the platform a train was stopped with the doors open and after a few maneuvers the group was finally on the train. The carriage was slowly filling up and trying not to jam their suitcases they walked along the narrow corridor until they found a seat. This was going to be a long journey and everyone began to pack their suitcases into the compartment above the seats and make themselves comfortable. Once they successfully managed to find their place the small group of people finally seemed to relax. The older man picked up the little baby and made faces to make him laugh. The young man listened to the music with earphones while the two women and the young father talked to each other pointing now out the window now at the red agenda where they must have written down all the information that could be useful for the trip.

Il gruppetto attirava l'attenzione perché tra tutti i passeggeri del treno avevano l'aria di essere particolarmente felici, i volti sorridenti, ridevano e guardavano l'ora aspettando con impazienza che arrivasse l'ora per il treno di partire.

La voce del capotreno ha annunciato la partenza, le porte automatiche si sono chiuse ed il treno ha finalmente cominciato a muoversi. Durante il viaggio passeggeri salivano e scendevano ad ogni fermata, un gruppo di impiegate con ancora al collo il cartellino del posto di lavoro erano salite ad una fermata ed avevano passato tutto il tempo a parlare e a lamentarsi delle lunghe ore di lavoro. Dopo di loro una coppia di turisti era entrata nel compartimento con in spalla degli zaini così grandi che sembrava dovessero cadere all'indietro per il peso da un momento all'altro. Dopo ancora una donna con una gatto in una gabbietta è salita ed ha delicatamente infilato la mano nella gabbia per confortare il gatto grigio che miagolava, scontento della sua sistemazione. Due studenti erano saliti, uno aveva aperto un libro pieno di **annotazioni** e si era messo a leggerlo e a ripetere tra se e se la lezione per impararla mentre il suo amico mangiava con gusto un panino al prosciutto.

Le ore sono passate, la signora ha aperto il suo cesto e ha tirato fuori succo di frutta e dei tramezzini di pane bianco che ha distribuito al resto della famiglia insieme ad una scatola di latta piena di biscotti al cioccolato chiaramente fatti in casa che hanno riempito il vagone del loro profumo. Dopo il pranzo sia il signore più anziano si è addormentato russando piano la testa appoggiata indietro sul sedile. La coppia col bambino si è data per un po il cambio a distrarre il piccolo sino a che non si è addormentato tra le braccia del papà. Il ragazzo più giovane era tutto preso da una conversazione al telefono, forse stava aggiornando la sorella che aspettava il loro arrivo. La donna che aveva ora messo via il cesto aveva tirato fuori una guida turistica e la stava mostrando alla figlia, forse pianificando già che cosa avrebbero visto nella città in cui stavano per arrivare.

Il tempo alla fine è passato ed il treno si avvicinava sempre di più all'ultima stazione.

The small group attracted attention because out of all the passengers on the train they seemed to be particularly happy, smiling faces, laughing and looking at the time impatiently waiting for the time for the train to leave.

The conductor's voice announced the departure, the automatic doors closed and the train finally began to move.

During the journey passengers got on and off at each stop, a group of female employees still wearing their job tags around their necks got on at a stop and spent the whole time talking and complaining about the long hours of work. After them, a couple of tourists entered the compartment carrying rucksacks so large they looked as if they were going to fall backward from the weight at any moment. Still later a woman with a cat in a cage climbed up and gently reached into the cage to comfort the gray cat who was meowing, unhappy with his accommodation. Two students had come up, one had opened a book full of annotations and had started reading it and repeating the lesson to himself to learn it while his friend ate a ham sandwich with joy.

The hours passed, the lady opened her basket and took out fruit juice and some white bread sandwiches which she distributed to the rest of the family together with a tin box full of clearly homemade chocolate biscuits which filled the carriage with their smell. After lunch both the older gentleman fell asleep snoring softly with his head leaning back on the seat. The couple with the child took turns distracting the little one for a while until he fell asleep in his father's arms. The younger boy was engrossed in a conversation on the phone, perhaps updating his sister who was awaiting their arrival. The woman who had now put away the basket had taken out a guidebook and was showing it to her daughter, perhaps already planning what they would see in the city they were about to arrive at.

Time finally passed and the train was getting closer and closer to the last station.

Dagli **altoparlanti** era arrivato l'annuncio del capotreno che faceva sapere ai passeggeri dove si trovavano, la temperatura e quanto mancava alla prossima fermata. Poco prima che il treno si fermasse la famiglia ha cominciato a raccogliere le proprie cose, tutti si sono assicurati di non avere lasciato niente sui sedili prima di mettersi nuovamente in fila nel lungo corridoio per scendere dal vagone. Tutti erano felici di essere finalmente arrivati e di sgranchirsi le gambe.

Alla stazione di arrivo la folla si è dispersa velocemente e tra le persone che camminavano solo una era ferma in attesa. Una donna con una vestito rosso agitava il braccio verso la famiglia che scendeva dal treno. Il viso di tutti si è illuminato e si sono fatti strada velocemente verso di lei. La figlia e futura sposa era andata a prenderli e dopo tanta anticipazione finalmente erano riuniti. Si abbracciarono e salutarono pieni di gioia, tutti parlavano allo stesso tempo, la stanchezza del viaggio per un attimo dimenticata davanti alla felice riunione. La donna vestita di rosso ha fatto cenno agli altri di seguirla e tenendo la donna più anziana sotto braccio si è incamminata verso l'uscita della stazione. Il sole del tramonto riempiva la stazione e si rifletteva sulle vetrate spargendo ovunque la luce rossa e dorata.

The announcement from the conductor came from the loudspeakers, letting the passengers know where they were, the temperature and how long to wait until the next stop. Just before the train stopped, the family began to gather their belongings, everyone making sure they hadn't left anything on the seats before lining up again in the long corridor to get off the car. Everyone was happy to finally be there and stretch their legs.

At the arrival station, the crowd dispersed quickly and among the people walking, only one was standing still waiting. A woman in a red dress waved at her family as they got off the train. Everyone's face lit up and they quickly made their way towards her. Their daughter and bride-to-be had gone to pick them up and after so much anticipation they were finally reunited. They embraced and greeted each other full of joy, everyone spoke at the same time, and the tiredness of the journey was forgotten for a moment thanks to the happy reunion. The woman dressed in red motioned for the others to follow her and, holding the older woman by the arm, walked towards the station exit. The setting sun filled the station and reflected off the windows, scattering red and gold light everywhere.

## Vocabulary

**Chiassosa**: Loud
**Lavoratori**: Workers
**Giovane**: Young
**Lieta**: Happy
**Matrimonio**: Wedding
**Entro**: Within
**Completo**: Suit/business suit
**Numeroso**: Numerous
**Ingrigire**: To fade to gray
**Cesto**: Basket
**Binario**: Tracks
**Comodi**: Comfortable
**Smorfie**: Silly/ funny faces
**Annotazioni**: Notes
**Altoparlanti**: Loudspeakers

## Questions

**1) How does this family decide to travel?**
a) they take a plain
b) they drive the car
c) they ride the train
d) they just walk
e) they board a ship

**2) Why the family is traveling?**
a) they want to visit a new country
b) they want to see their son
c) they want to go on vacation
d) they are going to a birthday party
e) they are going to a wedding

**3) What do they bring to eat?**
a) sandwiches
b) sandwiches and wine
c) fried chicken
d) sandwiches fruit juice and cookies
e) cookies and wine

**4) Does the trip go well for the family?**
a) yes, time passes fast and then they arrive
b) yes, but they get there really late
c) no, the train malfunctions
d) yes, but they are really bored and tired
e) no, they wish they stayed home

**5) Someone is waiting for them when they arrive, who is it?**
a) The daughter who is getting married soon
b) The son who is getting married soon
c) The rest of the family members
d) Nobody is waiting
e) The grandchildren

# Il concerto-The concert

**Riassunto**

Un gruppo di giovani amici frequenta la stessa università ed una sera dopo aver terminato i loro esami si riuniscono per festeggiare. Purtroppo la serata sembra essere per loro sfortunata. Il loro locale preferito è inaspettatamente chiuso. Quando cambiano progetto e decidono di andare al cinema scoprono che i biglietti sono terminati. Anche la pizzeria dove vogliono mangiare no ha disponibilità. M inaspettatamente sentono una musica provenire dal centro della città, seguendola si troveranno ad assistere ad un concerto.

## Summary

A group of young friends attend the same university and one evening after finishing their exams they get together to celebrate. They love adventures and fun, unfortunately, this evening seems to be unlucky for them. Their pub is unexpectedly closed. When they change plans and decide to go to the movies, they discover when they get there, that the tickets are sold out. Even the pizzeria where they want to eat is not available. But they do not give up. Unexpectedly they hear music coming from the center of the city, following it they will find themselves attending a concert.

Si stava appena facendo sera in una grande città, le luci dei lampioni si stavano accendendo poco alla volta e le persone uscivano per godersi la prima sera di vacanza. Le strade si riempivano poco a poco di persone, alcuni portavano a spasso il cane, famiglie con bambini camminavano piano nel viale **alberato**, coppie di innamorati andavano tenendosi per la mano oppure sedevano sotto gli alberi mentre la città si riempiva di vita. In centro ci sono tanti ristoranti, pizzerie, gelaterie, cinema, caffè con la musica ed i tavolini all'aperto. Tutti si riuniscono con gli amici in piazza per decidere dove andare e che fare.

Le persone **passeggiano**, entrano o escono dai vari locali o si siedono a parlare sulle panchine della grande **piazza** con la fontana al centro. L'aria è fresca ma si sente che presto arriverà la primavera e in cielo non c'è neanche una nuvola, anzi, si vede la luna. In una bancarella illuminata da lampioncini gialli una ragazza con gli occhi celesti sta vendendo tanti piccoli sacchetti di caramelle a un gruppo di bambini che si affollano intorno al banco. I tavolini di un bar sono decorati con piccoli vasi di fiori blu e tanti menù colorati. A uno di questi tavolini una coppia sta seduta e parla piano davanti a due bicchieri di vino bianco, i capelli sciolti di lei si agitano piano nel vento della sera. Due ragazze hanno attraversato di corsa la piazza, **traballando** sui tacchi alti e ridendo perché sarebbero arrivate in ritardo al cinema per vedere un film che stava per iniziare. La piazza al centro aveva una grande fontana di marmo bianco che faceva scrosciare l'acqua. Tutto intorno erano distribuite **aiuole** di piante profumate e panchine di ferro battuto verde un po danneggiate dall'essere state per tanti anni all'aperto. Su una di queste panchine, proprio di fronte a una delle statue della fontana, era seduto un piccolo gruppo di amici.

Noemi, Luigi, Roberta e Domenico: tutti frequentavano il primo anno di università e solo pochi giorni prima con grande emozione avevano sostenuto gli ultimi esami del semestre e prima delle vacanze. Gli ultimi giorni prima di un esame sono sempre stressanti e sembra che il tempo non passi mai ma allo stesso momento sembra di non avere abbastanza tempo.

It was just getting dark in a big city, the lights of the street lamps were turning on little by little and people were going out to enjoy their first evening of vacation. The streets filled slowly with people, some walking their dogs, families with children going slowly along the tree-lined avenue, couples in love holding hands or sitting under the trees as the city filled with life. In the center there are many restaurants, pizzerias, ice cream parlors, movie theaters, cafes with music and outdoor tables. Everyone gathers with friends in the square to decide where to go and what to do.

People stroll, enter or leave the various premises or sit down to talk on the benches in the large square with the fountain in front of them. The air is fresh but you feel that spring will soon arrive and there isn't even a cloud in the sky, on the contrary, you can see the moon. In a stall illuminated by yellow lanterns, a girl with blue eyes is selling many small bags of sweets to a group of children who crowd around the counter. The tables of a bar are decorated with small vases of blue flowers and lots of colorful menus. At one of these tables a couple is sitting and talking softly over two glasses of white wine, her loose hair waving slowly in the evening wind. Two girls ran across the square, wobbling on their high heels and laughing because they would arrive late at the theater to see a movie that was about to start. The square in the center had a large white marble fountain that poured water. All around were flowerbeds of scented plants and green wrought iron benches slightly damaged by having been outdoors for so many years. On one of these benches, just in front of one of the statues in the fountain, sat a small group of friends.

Noemi, Luigi, Roberta and Domenico: all of them were in their first year of university and only a few days before, with great emotion, they had taken the last exams of the semester and before the holidays. The last few days before an exam are always stressful and it seems that time never passes but at the same time it seems that there is not enough time.

Finalmente però l'impegno era stato portato a termine, ora dovevano solo attendere per i risultati e godersi il tempo libero prima di lasciare l'appartamento che condividevano in città, per andare a trovare i genitori lontani. Di solito il gruppo era allegro e sempre impegnato con qualche novità ma proprio quella era stata sino a quel momento, una sera poco fortunata. Nonostante la avessero tanto attesa e avessero parlato avanti e indietro di quello che volevano fare appena finito con gli esami. Sapendo di avere del tempo libero avevano deciso di andare nella loro pizzeria preferita. Era la pizzeria dove si riunivano più spesso. Piaceva particolarmente a tutti gli studenti e non solo a loro. Sia perché facevano un piccolo sconto a chi presentava la tessera della scuola sia perché una piccola band in un angolo della sala suonava dal vivo per i clienti. L'atmosfera era sempre allegra e calorosa, i camerieri volavano da un tavolo all'altro come frecce e dai clienti si alzavano risa e voci allegre.

Purtroppo quella sera sono arrivati all'ingresso e hanno scoperto che il locale era buio, la porta chiusa con un cartello che diceva a grandi lettere nere: "Siamo chiusi per ferie". Il loro locale preferito aveva chiuso in anticipo ma questo non sarebbe bastato a scoraggiarli. Si sono detti che era un peccato ma non era grave, dopo un uno scambio di idee si sono tutti accordati sull'idea di andare al cinema, c'era un film che sarebbe iniziato in poco tempo. La loro meta non era lontana, una breve camminata li avrebbe portati dritti al cinema con l'insegna blu luminosa e il profumo di popcorn che si spargeva sulla strada.

Una volta arrivati hanno chiesto di poter fare quattro **biglietti** ma il commesso si è scusato: la sala era già completa, piena ed i biglietti erano esauriti. Per quella sera avevano terminato i posti, se volevano potevano prenotare per il giorno dopo. I ragazzi si sono guardati tra loro delusi. Hanno ringraziato lo stesso il **commesso** gentile e sono usciti dal cinema. A quanto pare niente cinema quella sera. Hanno deciso di tornare indietro e dato che ora cominciavano ad avere tutti fame si sarebbero fermati in pizzeria a mangiare lungo la strada. Dopo pochi metri sono arrivati davanti a una piccola pizzeria con parcheggiati davanti un paio di motorini per le consegne a domicilio.

Finally, however, the commitment had been completed, now they only had to wait for the results and enjoy their free time before leaving the apartment they shared in the city to visit their distant parents. Usually the group was happy and always busy with something new but that had been up to that moment, an unlucky evening. Even though they had been waiting for so long and had talked back and forth about what they wanted to do as soon as they finished with exams. Knowing they had free time they decided to go to their favorite pizzeria. It was the pizzeria where they met most often. All the students especially liked it, and not just them. Both because they gave a small discount to those who presented the school card and because a small band in a corner of the room played live for the customers. The atmosphere was always cheerful and warm, the waiters flew from one table to another as arrows and laughter and cheerful voices rose from the customers.

Unfortunately that evening they arrived at the entrance and discovered that the place was dark, the door closed with a sign that said in large black letters: "We are closed for holidays". Their favorite place had closed early, but that wasn't enough to discourage them. They said it was a pity but it wasn't serious, after an exchange of ideas they all agreed on the idea of going to the cinema, there was a film that would start in a short time. Their destination wasn't far away, a short walk would have taken them straight to the cinema with the bright blue sign and the smell of popcorn spreading on the street.

Once they arrived they asked to be able to make four tickets but the clerk apologized: the room was already full, and the tickets were sold out. For that evening they had run out of seats, if they wanted they could book for the next day. The group looked at each other disappointed. They thanked the kind clerk all the same and left the cinema. Apparently no movie that night. They decided to go back and since now everyone was starting to get hungry they would stop at a pizzeria to eat along the way. After a few meters they arrived in front of a small pizzeria with a couple of motorcycles parked in front of it for home deliveries.

Quando sono entrati hanno chiesto se potevano ordinare quattro pizzette da portare via e delle bibite. La ragazza alla cassa, asciugandosi le mani sul grembiule bianco ha risposto che potevano ordinare le bevande ma il pizzaiolo aveva già troppi ordini e non ne prendeva di nuovi per il momento. Di nuovo se ne andarono a mani vuote. Mentre camminavano adesso in silenzio per tornare indietro Noemi lasciò andare un sospiro ed esclamò:

-Che **noia**!

Gli altri annuirono d'accordo. Luigi disse che non aveva intenzione di passare la tanto attesa serata di libertà ad annoiarsi. Il gruppetto era sempre intento a trovare nuove avventure, nuove cose da fare, nuovi posti da esplorare. Non potevano certo lasciar perdere solo per qualche contrattempo. Allora Domenico ha risposto:

-Si, ma cosa potremmo fare?

Mentre camminavano e si scambiavano idee hanno sentito una musica a volume alto venire da lontano. Si sono fermati e si sono guardati tra loro, Roberta ha detto:

-Ma la sentite anche voi a musica?

Gli altri hanno annuito. Roberta ha chiesto ancora

-Verrà dalla piazza, Noemi guardando nella direzione da cui erano arrivati poco prima ha risposto:

-Mi sembra strano, eravamo li poco fa e non c'era della musica, a volume così alto lo avremmo notato.

Domenico che era stato ad ascoltare con attenzione ha aggiunto:

-Questa sembra la musica di un concerto! Guardate la dietro quei palazzi si vedono delle luci che cambiano colore!.

Il gruppetto concordò con Domenico la musica doveva provenire da un concerto di cui non sapevano niente, era l'avventura perfetta per liberarsi della noia della serata. Si sono messi tutti a camminare seguendo un poco la musica e un poco le luci nella direzione del concerto misterioso. **Improvvisamente** la noia e la delusione erano state dimenticate, tutti camminavano pieni di energia, scambiandosi idee su che concerto potesse mai essere e dove fosse.

When they entered they asked if they could order four pizzas to take away and some drinks. The girl at the cash desk, wiping her hands on her white apron, replied that they could order drinks but the cook already had too many orders and wasn't taking new ones for the moment. Again they left empty-handed. As they walked now in silence to go back Noemi let out a sigh and exclaimed:

- How boring!

The others nodded in agreement. Luigi said he had no intention of spending the long-awaited evening of freedom getting bored. The little group was always intent on finding new adventures, new things to do, new places to explore. They certainly couldn't let it go just for a few setbacks. So Domenico replied:

-Yes, but what could we do?

As they walked and exchanged ideas they heard loud music coming from far away. They stopped and looked at each other, Roberta said:

-But do you hear the music too? The others nodded. Roberta asked again:

-It comes from the square?

Noemi, looking in the direction from which they had arrived shortly before, replied:

-It seems strange to me, we were there a little while ago and there was no music, we would have noticed it at such a high volume.

Domenico who had been listening attentively added:

-This sounds like the music of a concert! Look behind those buildings you can see the lights that change color!.

The group agreed with Domenico that the music had to come from a concert they knew nothing about, it was the perfect adventure to get rid of the boredom of the evening.

They all started walking, following a little the lights and a little the music in the direction of the mysterious concert. Suddenly the boredom and disappointment were forgotten, everyone walking around full of energy, exchanging ideas about what concert it could be and where it was.

Camminando a passo veloce e chiamandosi l'uno con l'altro i ragazzi hanno preso una delle strade che portano nel centro della città vecchia, era pavimentata di pietra. Le case che vi si affacciavano erano piccole e alte non più di due o tre piani. I vicoli stretti sembravano far risuonare la musica ancora di più.

Domenico stava cominciando a perdere le speranze dopo l'ennesima svolta sbagliata, ma Roberta che in cima alla fila era la più determinata a un certo punto sparì dalla loro visuale dopo aver girato in una strada ancora più stretta delle altre. Tutto il resto del gruppo le corse dietro e come per magia si ritrovarono un una grande piazza con un **palco** allestito per il concerto che si stava svolgendo proprio in quel momento come avevano pensato. La piazza era davvero grande e lo sembrava ancora di più dopo aver camminato tanto tra le vie strette e tortuose.

Il gruppetto cominciò a farsi strada tra la **folla**. Le luci colorate illuminavano volti di persone che ballavano e cantavano. Con soddisfazione si guardarono tra loro, c'era troppo rumore per parlarsi me dall'occhiata tutti erano davvero arrivati in un concerto.

Walking at a fast pace and calling to each other, the boys took one of the streets that lead to the center of the old city, it was paved with stone. The houses facing it were small and no more than two or three stories high. The narrow alleys seemed to make the music sound even louder.

Domenico was starting to lose hope after yet another wrong turn, but Roberta, who was at the front of the line and the most determined, at one point disappeared from their view after turning into a street even narrower than the others. All the rest of the group ran after her and as if by magic they found themselves in a large square with a stage set up for the concert that was taking place at that very moment as they had thought. The square was really big, and it seemed even more so, after walking a lot through the narrow and winding streets. The small group began to make their way through the crowd.

The colorful lights illuminated the faces of people who danced and sang. With satisfaction they looked at each other, there was too much noise to talk to each other but from the look everyone gave they knew, they arrived at the concert.

## Vocabulary

**Alberato**: With trees
**Passeggiano**: They take a stroll
**Piazza**: City square
**Traballando**: Wobbling
**Aiuole**: Flowerbeds
**Biglietti**: Tickets
**Commesso**: Clerk
**Noia**: Boredom
**Palco**: Stage
**Folla**: Crowd
**Improvvisamente**: Suddenly

## Questions

**1) Who are the characters in this story?**
a) a music band
b) a group of teachers
c) a group of police officers
d) a group of friends
e) a family

**2) What do they want to do?**
a) go to their favorite pub
b) go home early
c) go visit a friend
d) go on a trip
e) go to their favorite park

**3) Do they get to do what they had planned?**
a) no, because is too late and they go home
b) yes they have the best evening
c) no, because their plans have to change
d) yes because they win a surprise prize
e) none of the above

**4) What suddenly attracts their attention?**
a) the sound of people fighting
b) a sudden rainstorm
c) a lost cat that asks for food
d) a noise coming from far away
e) music coming from far away

**5) In the end what do they do?**
a) they give up their plans and go home
b) they take a stroll around town
c) they follow the sound of loud music but can't find the source
d) they follow the music and find a concert
e) they follow the music and find an amusement park

# Il campeggio-The camping trip

**Riassunto**

Beatrice ama la natura, da quando era piccola andava in campeggio con i suoi genitori. Ora diventata un adulta decide di intraprendere la sua prima avventura in solitaria. Sceglie una zona tra le montagne che le era piaciuta particolarmente prima e dove desiderava tornare. Mentre si allontana dalla città si sente già più rilassata. Lungo il percorso ammira la bellezza delle montagne che la circondano e piazza la tenda in un punto panoramico. Mentre guarda il fuoco una volpe si avvicina al suo campo e Beatrice riflette su quanto sia fortunata ad aver visto un animale selvatico da vicino.

## Summary

Beatrice loves nature, since she was little she went camping with her parents. Now an adult, she decides to embark on her first solo adventure. She chooses an area in the mountains that she had particularly liked before and where she longed to return one more time. As she moves away from the city she already feels more relaxed and serene. Along the way, she admires the beauty of the mountains that surround her. Beatrice chose to set the tent at a panoramic point. While watching the fire and enjoying the calm a fox approaches her camp. Beatrice reflects on how lucky she is to have seen a beautiful wild animal so up close.

Da quando era piccola Beatrice era stata amante della natura e della vita all'aria aperta. Quando era piccola tutte le estati andava in campeggio con i suoi genitori. Tutti gli anni aspettava con ansia la data in cui avrebbero caricato il fuoristrada rosso con tende e provviste per partire all'avventura. Beatrice non aveva paura neanche quando la notte fuori dalla tenda era buio. Ricorda con nostalgia di come si addormentava serenamente nella tenda, cullata dal suono del vento tra gli alberi.

Ma questa era una nuova avventura. Era una fresca mattina d'estate quando ha intrapreso la sua prima avventura da solista in campeggio. Come destinazione aveva scelto una località tra le montagne in cui era già stata anni prima e da allora aveva sempre desiderato visitare di nuovo. Le montagne erano famose per essere incontaminate, i centri abitati erano pochi e tutti più a **valle** mentre in alto si stendevano foreste e valli baciate dal sole. Si immaginava già il paesaggio verde e bellissimo era come de potesse già vederlo con i suoi occhi. Aveva accuratamente preparato il suo **bagaglio** prendendo solo le cose **indispensabili**. Come aveva imparato tempo prima è inutile portare una quantità eccessiva di oggetti. Quello che conta è avere le attrezzature giuste, assicurarsi che siano in perfetto stato prima di partire e ovviamente tanta esperienza e prudenza. Quindi con solo poche necessità nella valigia ha conservato la tenda nel portabagagli dell'auto, ha salutato i suoi genitori e ha intrapreso il viaggio verso la montagna.

Fuori dal finestrino dell'auto la città si allontanava piano. I centri abitati lasciavo sempre più spazio ai campi coltivati ed alle fattorie.

Le strade diventavano più strette, dall'ampia autostrada di cemento grigio era passata a viali che passavano tra i campi per poi incontrare i tortuosi sentieri di montagna. Il suono della città, delle auto che sfrecciavano tutti i rumori dei luoghi densamente popolati a poco a poco diventavano più vaghi e lontani sino a scomparire del tutto. Il canto **armonioso** degli uccelli e il sussurro del vento che passava veloce tra gli alberi le riempivano le orecchie. Quando è arrivata al sentiero che le interessava ha scaricato dalla macchina il suo zaino e si è incamminata su per il sentiero tra gli alberi, era proprio come se lo ricordava.

Since she was little Beatrice had been a lover of nature and life in the open air. When she was a little girl, she went camping with her parents every summer. Every year she looked forward to the date when they would load the red SUV with tents and supplies to go on an adventure. Beatrice was not afraid even when it was dark outside the tent at night. She remembers wistfully how she would fall asleep peacefully in the tent, lulled by the sound of the wind in the trees.

But this was a new adventure. It was a cool summer morning when she embarked on her first solo camping adventure. As a destination she had chosen a location in the mountains that she had been to years before and had always wanted to visit again ever since. The mountains were famous for being pristine, the inhabited centers were few and all further downstream while above were forests and sun-kissed valleys. She was already imagining the green and beautiful landscape and was like she could already see it with her own eyes. She had carefully packed her luggage taking only the essentials. As she had learned long ago it is useless to carry an excessive amount of objects. What matters is having the right equipment, making sure it is in perfect condition before leaving and obviously a lot of experience and prudence. So with only a few necessities in her suitcase she stowed the tent in the trunk of the car, said goodbye to her parents and set out on the journey to the mountain.

Outside the car window the city was slowly receding. The inhabited centers left more and more space for cultivated fields and farms. The streets became narrower, from the wide gray concrete highway to avenues that passed through fields and then met the winding mountain paths. The sound of the city, of the cars whizzing by, all the noises of the densely populated places gradually became more vague and distant until they disappeared completely. The harmonious song of the birds and the whisper of the wind rushing through the trees filled her ears. When Beatrice got to the path she was interested in, she unloaded her backpack from the car and walked up the path through the trees, it was just as she remembered it.

Forse ancora più bello. Poteva sentire il dolce fruscio delle foglie sotto i suoi pesanti stivali. I cartelli di legno invecchiato dal tempo guidavano i suoi passi verso un accampamento che aveva scelto, grazie al consiglio dei genitori perché era in un punto da cui si poteva ammirare un paesaggio particolarmente bello. Mentre camminava non sentiva neanche il peso dello zaino, pensava che svegliarsi e vedere la meraviglia della natura coi propri occhi era proprio quello di cui aveva bisogno. Il leggero sforzo della camminata la faceva sentire viva e gioiosa, il respiro più lento e profondo.

Con i movimenti esperti di una persona che ha compiuto gli stessi gesti tante volte prima ha montato la sua piccola tenda viola e gialla, prima di assicurarla al terreno. Ha acceso un fuoco in mezzo a un cerchio di pietre. Il calore del fuoco scoppiettante perfetto per dissipare il buio e il freddo della sera che ormai si stava avvicinando. Seduta davanti alla tenda col tepore del fuoco che le arrivava sul viso provò un senso di liberazione e tranquillità. La vastità del paesaggio **montano** sembrava estendersi all'infinito. Si sentiva piccola in confronto alla grandezza dei monti e all'ampio cielo pieno di stelle sopra la sua testa.

Mentre l'oscurità avvolgeva le montagne con il suo manto, lei si rannicchiò vicino al caldo bagliore del falò. I richiami lontani degli animali notturni le tenevano compagnia, non era la sola piccola abitante di quel paesaggio infinito. Fissò le fiamme danzanti e si chiese che cosa dicessero tra loro gli animali nel bosco con quei fischi e richiami in una lingua che lei non conosceva.

Persa nei suoi pensieri, fu improvvisamente attratta da un suono diverso dagli altri. Era un fruscio leggero, quasi non si sentiva. Se proprio in quel momento non fosse stata ferma ad ascoltare certamente le sarebbe sfuggito. Proveniva dai cespugli solo a qualche metro da dove aveva posizionato la sua tenda. Il suo cuore perse un battito, sapeva che in quella zona non ci sono animali pericolosi per l'uomo ma un suono misterioso sul calare della sera non può che risvegliare l'istinto alla sopravvivenza che gli esseri umani a volte dimenticano. Rimase ferma dove si trovava ma questa volta non più persa nei suoi pensieri.

Perhaps even more beautiful. She could hear the soft rustle of leaves under her heavy boots. The aged wooden signs guided his steps towards a camp that she had chosen, thanks to the advice of her parents because it was at a point from which one could admire a particularly beautiful landscape. While walking she didn't even feel the weight of the backpack, she thought that waking up and seeing the wonder of nature with her own eyes was just what she needed. The slight effort of walking made her feel alive and joyful, her breathing slower and deeper.

With the expert movements of a person who has done the same gestures many times before, she pitched the little purple and yellow tent before tying it to the ground. She lit a fire in the middle of a stone circle. The warmth of the crackling fire was perfect for dispelling the dark and cold of the evening that was now approaching. Sitting in front of the tent with the warmth of the fire reaching her face she felt a sense of release and tranquility. The vastness of the mountain landscape seemed to stretch on forever. She felt small compared to the size of the mountains and the wide, star-filled sky overhead.

As darkness cloaked the mountains, she snuggled next to the warm glow of the bonfire. The distant calls of nocturnal animals kept her company, she wasn't the only small inhabitant of that infinite landscape. She stared at the dancing flames and wondered what the animals in the woods were saying to each other with their whistles and calls in a language she didn't know.

Lost in thought, she was suddenly drawn to a sound unlike any other. It was a light rustle, almost inaudible. If at that very moment she hadn't stopped to listen, it would certainly have escaped her. It came from the bushes only a few meters from where she had pitched the tent. Her heart skipped a beat, she knew that in that area there were no dangerous animals to humans but a mysterious sound at nightfall can only awaken the survival instinct that humans sometimes forget. She remained where she was but this time no longer lost in thought.

Invece ascoltava con attenzione sino a che non sentì nuovamente il leggerissimo fruscio in un punto poco distante. Il suo sguardo andò rapido verso la fonte del rumore.

Dopo pochi secondi riesce a distinguere tra le foglie un paio di occhi. Brillarono per un attimo riflettendo la luce tremolante che proveniva dal fuoco. Dal buio emerse una volpe. Piccola con il pelo di un colore rosso che sembrava ancora più intenso quando è stato raggiunto dalla luce delle **fiamme**. La volpe si muoveva piano e con grazia, i suoi passi non disturbavano le foglie su cui posava le leggere zampe. La donna rimase immobile, altre volte era capitato di vedere volpi o ricci ma questa era la prima volta che un animale selvatico si era avvicinato così tanto al campo. La volpe da parte sua sembrava cauta ma non spaventata. Aveva gli occhi grandi e verdi che si muovevano rapidamente da una parte all'altra. Sembrava che stesse valutando con cura la campeggiatrice, la sua tenda e il fuoco acceso.

Incuriosita dalla presenza di questa creatura dei boschi, rimase completamente immobile, sapeva che anche un piccolo movimento sarebbe bastato a spaventarla e a farla tornare a nascondersi tra gli alberi. La **volpe**, percependo la sua mancanza di minaccia, rimase in guardia ma si sedette sulle zampe **posteriori**.

La donna si trattenne dal ridere per non fare rumore perché così seduta sembrava che anche lei fosse una turista che si era unita al suo campeggio. Probabilmente la volpe era incuriosita da questa strana ospite e dalle sue attrezzature, chissà se prima di allora aveva visto altri esseri umani nella foresta? Passato il primo momento di allarme la donna riprese a rilassarsi. La sua nuova compagna non era aggressiva ne pericolosa, si era solamente avvicinata a darle il **benvenuto** e così in silenzio le due rimasero a guardare il fuoco scoppiettante, come intente in un dialogo che non aveva bisogno di parole.

La sua mente era piena di domande e **meraviglia**; cosa aveva portato questa creatura al suo accampamento quella notte?

Instead listened attentively until she heard the slightest rustle again in a nearby spot. Beatrice's gaze darted to the source of the noise.

After a few seconds she could distinguish a pair of eyes among the leaves. They glowed for a moment, reflecting the flickering light from the fire. From the darkness a fox emerged. Small with the fur of a red color that seemed even more intense when it was reached by the light of the flames. The fox moved slowly and gracefully, its steps not disturbing the leaves on which the light paws rested. The woman remained motionless, it had happened other times, to see foxes or hedgehogs, but this was the first time that a wild animal had come so close. The fox for its part seemed cautious but not frightened. It had large green eyes that moved rapidly from side to side. The fox seemed to be carefully evaluating the camper, her tent, and the fire.

Intrigued by the presence of this creature of the woods, she remained completely still, knowing that even a small movement would be enough to scare the fox and make it go back to hiding in the trees. The fox, sensing this lack of threat, remained on guard but sat down on its hind legs.

The woman restrained herself from laughing so as not to make any noise because sitting like this it seemed to her that the fox too, was a tourist who had joined her campsite. The fox was probably intrigued by this strange guest and her equipment, who knows if she had seen other humans in the forest before then? After the first moment of alarm, the woman began to relax again. Her new companion was neither aggressive nor dangerous, she had only approached to welcome her and so in silence the two stood looking at the crackling fire, as if they were engaged in a dialogue that didn't need words.

Her mind was filled with questions and wonder; what had brought this creature to her camp that night?

Rifletté sul significato di questo incontro e su quale fortuna le fosse capitata. Forse, questo momento condiviso con la volpe non si sarebbe ripetuto mai più ma lo avrebbe certamente ricordato per il resto della vita.

Mentre il sole sorgeva pigro all'orizzonte, l'alba illuminò la tenda e la donna che dormiva avvolta nel sacco a pelo. Quando fu ora di andare a casa fece le valigie, guardando ancora una volta nella direzione da cui la notte prima la volpe era emersa. Durante il viaggio di ritorno a casa, una ritrovata serenità si fece largo nel suo **animo**.

She reflected on the significance of this meeting and what luck had befallen her. Perhaps this moment shared with the fox would never happen again but she would certainly remember it for the rest of her life.

As the sun rose lazily over the horizon, dawn lit up the tent and the sleeping woman wrapped in her sleeping bag. When it was time to go home she packed his bags, looking once more in the direction from which the fox had emerged the night before. During the journey back home, a newfound serenity made its way into her soul.

## Vocabulary

**Valle**: Valley
**Bagaglio**: Baggage
**Indispensabile**: Essential
**Armonioso**: Harmonious
**Montano**: Mountain (mountain landscape)
**Fiamme**: Flames
**Volpe**: Fox
**Posteriori**: Rear/ Hind
**Benvenuto**: Welcome
**Meraviglia**: Wonder
**Animo**: Soul

## Questions

**1) Who is the main character?**
a) a lost kid
b) a wolf
c) a runaway thief
d) a woman
e) a man

**2) Where the story takes place?**
a) on a mountain
b) on a boat
c) in an airport
d) at the pub
e) in a city

**3) What animal unexpectedly appears?**
a) a fox
b) a crow
c) a wolf
d) a hedgehog
e) an owl

**4) What the main character does when she sees the creature?**
a) she tries to catch it
b) she keeps still and quiet
c) she screams and runs away
d) she calls the police
e) she takes a picture

**5) What the animal does when she sees the human?**
a) tries to bite
b) runs inside the tent
c) stays calm and curious
d) stays inside the forest and never comes out
e) growls and bites

# La fiera-The fair

**Riassunto**

Tutti gli anni la tradizione di un piccolo villagio vuole che si svolga una fiera. La fiera accade il primo di Gennaio per accogliere in modo festoso il nuovo anno che sta iniziando. Il paese è piccolo e ci sono normalmente pochi abitanti, infatti il paese si trova in una regione circondata dai monti dove nevica molto. Ma col tempo la fiera è diventata sempre più popolare e tanto che tante per persone vengono da fuori per partecipare ed aiutare ad allestire per la giornata. La fiera comprende tanti stand in cui gli artigiani mostrano le loro capacità e la giornata si conclude con una cioccolata calda.

## Summary

Every year the tradition of a small village wants a winter fair to take place. The fair takes place on January 1st to welcome the new year that is starting in a joyful way. The town is small and there are few inhabitants, in fact, the town is located in a region surrounded by mountains where it snows a lot. But over time, the fair has become more and more popular, so much so that many people come from outside to participate and help set up for the day. The fair includes many stands where the craftsmen show their skills and the day ends with a cup of hot chocolate.

La fiera si svolgeva tradizionalmente tutti gli anni il primo Gennaio, per accogliere l'anno nuovo. Il piccolo paesino che ha dato vita a questa tradizione si trova in una valle circondata dalle montagne. Da Novembre le neve comincia a cadere **fitta** coprendo case, **macchine** e viali col suo soffice **manto** bianco. Il paese di pochi abitanti è per la grande parte del tempo un luogo tranquillo e quieto. Gli abitanti si conoscono quasi tutti tra loro e vivono le giornate con calma, salutandosi quando si incrociano davanti a qualche negozio. Il paese è per tutto l'anno calmo ad eccezione del primo di Gennaio e dei giorni che lo **precedono**.

In quella data la tradizione vuole una festa grande per celebrare l'anno appena iniziato, per farsi gli auguri, scambiare qualche dono, iniziare l'anno in modo gioioso per far si che sia gioioso e sereno anche il resto. La fiera con la festa a lei legata era diventata sempre più **famosa** anche al di fuori dei confini del villaggio. All'inizio solo i pochi abitanti partecipavano e organizzavano tutto da soli. Poi si sono uniti gli abitanti dei paesi vicini e poi la fiera sempre più conosciuta continua ad essere ingrandita e migliorata ogni anno. Nuovi artisti e **artigiani** vi si recano per creare il proprio stand e mostrare al pubblico i loro prodotti e le loro competenze. Ma non solo ci sono anche stand dedicati alla cucina in cui i piatti della tradizione vengono preparati sul posto con ingredienti freschi. Ci sono gli stand dei fattori locali che portano latte, olio e vino di loro produzione. Gli artisti giovani hanno un luogo per farsi conoscere e anche per **incontrarsi** tra loro e per entrare in contatto con saperi antichi della tradizione locale e delle zone vicine. Tra le montagne nevica tanto e per Gennaio il paesaggio circostante è fatto di cime altissime dipinte di bianco. Sembrano nascondere la valle dandole l'aspetto di un luogo magico e fuori dal tempo.

Qualche giorno prima si sono cominciati i preparativi. Come prima cosa è stato necessario liberare le strade dalla neve in modo che tutti potessero raggiungere facilmente la fiera. Inoltre tutto il paese era stato **decorato** per l'occasione con bandierine triangolari di colori sgargianti che contrastavano col bianco della neve tutto attorno. Alla mattina presto quando faceva ancora così buio da sembrare notte, i primi coraggiosi hanno iniziato ad allestire gli stand.

The fair was traditionally held every year on January 1st, to welcome the New Year. The small village that gave birth to this tradition is located in a valley surrounded by mountains. Starting from November the snow begins to fall thick covering houses, cars and avenues with its soft white coat. The town of few inhabitants is for the most part a peaceful and quiet place. The inhabitants almost all know each other and spend their days calmly, greeting each other when they pass in front of a shop. The country is calm throughout the year except for January 1st and the days preceding it.

On that date, tradition calls for a big party to celebrate the year that has just begun, to wish each other good luck, exchange some gifts, and joyfully start the year to ensure that the rest is joyful and serene too. The fair with its associated festival had become increasingly famous even outside the village limits. In the beginning only a few inhabitants participated and organized everything by themselves. Then the people from the neighboring villages joined and then the increasingly well-known fair continues to be enlarged and improved every year. New artists and craftsmen go there to set up their own stand and show their products and skills to the public. But not only there are also stands dedicated to cooking where traditional dishes are prepared on-site with fresh ingredients. There are stands of local farmers who bring their own milk, oil and wine. Young artists have a place to make themselves known and also to meet each other and to get in touch with ancient knowledge of the local tradition and the nearby areas. In the mountains it snows a lot and in January the surrounding landscape is made up of very high peaks, painted white. They seem to hide the valley, giving it the appearance of a magical place out of time.

Preparations had begun a few days earlier. First of all, the roads had to be cleared of snow so that everyone could easily reach the fair. Furthermore, the whole town had been decorated for the occasion with triangular flags of bright colors that contrasted with the white of the snow all around. Early in the morning, when it was still so dark that it seemed like night, the first brave ones started setting up the stands.

Erano così tanti che si stendevano dall'ingresso del paese, lungo tutta via principale, intorno alla piazza e poi giù sino alle fontane.

Durante la note aveva **gentilmente** nevicato ma niente in confronto alle tempeste dei mesi prima e la mattina della fiera solo pochi fiocchi di neve cadevano ancora. L'aria era piena di entusiasmo ed attesa, tutti, sia i commercianti che gli artisti che il turisti non vedevano l'ora di iniziare la giornata. Energizzati dall'aria fredda e pura delle montagne tutti erano pronti a far parte di questa bellissima esperienza.

Quella mattina chi arrivava alla fiera era accolto dal profumo di dolci appena **sfornati** che si spargeva nell'aria. I primi arrivati si erano accomodati a un tavolo per fare colazione con i dolci tipici di quei luoghi che la cuoca aveva appena tirato fuori dal forno. Tutti vestiti pesanti per ripararsi dal freddo pungente passeggiavano tra gli stand gruppetti di amici famiglie e anche qualche scolaresca. Il suono delle risate e delle chiacchiere risuonavano nell'aria cristallina e diffondevano un atmosfera leggera e gioiosa.

Tra gli artisti risaltava un pittore che era appena arrivato portando un pesante cavalletto. Il suo stand era pieno di materiali per dipingere, **pennelli**, **colori a cera**, **acquerelli**, **tempere**, **carboncino**. Mentre tutto attorno aveva appesi quelle che dovevano essere le sue opere precedenti. A chi si fermava nel suo piccolo studio spiegava tutto sulla sua pittura, da quali erano i materiali sino alla scelta dei temi. Era cresciuto in un paese vicino e lo aveva lasciato per andare a lavorare in città. Più avanti nella vita aveva cominciato a sentire la mancanza del suo paese natale e del contatto con la gente e la natura. Allora si era trasferito indietro. Aveva fatto della pittura che sino ad allora era solo un hobby la sua attività principale. Aveva deciso che con i suoi quadri voleva immortalare tutte le bellissime immagini che la natura crea in quei luoghi e che così tanto gli erano mancati negli ultimi anni.

Mentre spiegava si era accomodato al cavalletto e circondato da una piccola cerchia di interessati aveva cominciato a lavorare a una tela. Era un paesaggio invernale, si poteva riconoscere nella neve il bosco che circonda il villaggio.

There were so many that they stretched from the entrance to the town, along the entire main street, around the square and then down to the fountains.

During the night it had snowed gently but nothing compared to the storms of the months before and on the morning of the fair only a few flakes of snow were still falling. The air was full of enthusiasm and expectation, everyone, both the traders and the artists and the tourists couldn't wait to start the day. Energized by the cold and fresh air of the mountains, everyone was ready to be part of this beautiful experience.

That morning, those arriving at the fair were greeted by the scent of freshly baked sweets that spread in the air. The first arrivals had settled down at a table to have breakfast with the typical sweets of those places that the cook had just taken out of the oven. All warmly dressed to protect themselves from the biting cold, small groups of friends, families and even some school children were walking among the stands. The sound of laughter and chatter resounded in the crystalline air and spread a light and joyful atmosphere.

Among the artists stood out a painter who had just arrived carrying a heavy easel. His stand was full of materials for painting, brushes, wax colors, watercolors, tempera, charcoal. While all around he hung what must have been his previous works. To those who stopped in his small studio he explained everything about his painting, from what the materials were to the choice of themes. He had grown up in a nearby town and had left it to go to work in the city. Later in life he began to miss his hometown and the contact with people and nature. Then he moved back. He had made painting, which until then was only a hobby, his main activity. He had decided that with his paintings, he wanted to immortalize all the beautiful images that nature creates in those places and that he had missed so much in recent years.

While he was explaining he had settled down at the easel and surrounded by a small circle of interested people he had begun to work on a canvas. It was a winter landscape, the forest surrounding the village could be recognized in the snow.

Infatti stava creando una veduta dall'alto del villaggio nel giorno di festa. Incorniciato dalle montagne bianche e sobrie si delineava sempre di più con ogni colpo di pennello il paese. Il piccolo centro aveva i tetti rossi e si vedevano le piccolissime bandierine colorate appese per tutte le strade.

Più avanti lungo la fila di bancarelle, notarono una donna alta con un ciuffo di capelli biondi che sfuggiva a una lunga treccia. La donna era un' intagliatrice del legno.

Modellava legno che lei stessa si procurava nelle campagne e con questo creava tutto ciò che si possa desiderare. Tavoli, letti, sedie, lampade, giocattoli, piccole statuine a forma di animale, cervi, volpi, conigli, anche un grosso riccio. Tra le sue mani il legno prendeva vita. Mentre dimostrava come lavorava di solito con solo qualche abile mossa col coltellino un pezzetto di legno si è trasformato in un coniglio dalle lunghe orecchie. Il pubblico era incantato dalla capacità di trasformare il legno in qualcosa di completamente nuovo. Le sue delicate creazioni sembravano possedere una vita propria, uno spirito naturale e delicato. Ha scolpito animali, personaggi e creature mitiche con tale precisione che era difficile credere che fossero nati come semplici blocchi di legno. I cittadini si meravigliarono del suo talento, un pezzetto di legno come gli altri era diventato davanti ai loro occhi un opera d'arte che trasmetteva lo spirito della foresta.

Mentre esploravano la fiera, gli ospiti incuriositi hanno scoperto una vasta gamma di oggetti d'artigianato. Tutte creazioni uniche e nate dal sapere antico degli artigiani. Su uno stand erano affiancate tante sciarpe e guanti lavorati a mano. Anche soltanto guardando i ricami sul tessuto che rappresentavano alberi, animali, e neve si poteva percepire la cura e l'amore con cui ognuno era stato tessuto.

Un giovane artista aveva portato i gioielli che creava lui stesso usando materiali tradizionali e tecniche nuove. Aveva appena avviato la sua attività indipendente e stava girando varie fiere per far conoscere a più persone possibile i suoi lavori. Orecchini, bracciali, collane e spille dal design intricato brillavano alla luce del sole.

Un gruppetto di artigiani aveva uno stand tutto dedicato alla scultura , in questo caso si specializzavano nella creazione di sculture stravaganti.

In fact, he was creating a bird's-eye view of the village on the day of celebration. Framed by the white and sober mountains, the town was outlined more and more with each stroke of the brush. The small center had red roofs and you could see the tiny colored flags hanging all over the streets.

Further along the row of stalls, they noticed a tall woman with a shock of blond hair escaping into a long braid. The woman was a wood carver.

She modeled wood that she procured in the countryside and with this she created everything one could wish for. Tables, beds, chairs, lamps, toys, small animal figurines, deer, fox, rabbit, even a big hedgehog. In her hands the wood came to life. While demonstrating how she usually worked with just a few deft moves with the pocketknife, a piece of wood turned into a long-eared rabbit. Audiences were mesmerized by the ability to transform wood into something completely new. Her delicate creations seemed to possess a life of their own, a natural and delicate spirit. She carved animals, characters and mythical creatures with such precision that it was hard to believe that they started as simple blocks of wood. The citizens marveled at his talent, a piece of wood like the others had become before their eyes a work of art that conveyed the spirit of the forest.

As they explored the fair, intrigued guests discovered a diverse array of handicrafts. All unique creations were born from the ancient knowledge of the craftsmen. On a stand there were many hand-knitted scarves and gloves side by side. Even just looking at the embroideries on the fabric that represented trees, animals, and snow, one could perceive the care and love with which each one had been woven.

A young artist had brought the jewels he created himself using traditional materials and new techniques. He had just started his own independent business and was touring various trade shows to get as many people as possible aware of his work. Intricately designed earrings, bracelets, necklaces and brooches glittered in the sunlight.

A small group of artisans had a stand entirely dedicated to sculpture, in this case they specialized in creating extravagant sculptures.

Realizzavano ogni lavoro con materiali riciclati e di scarto con l'idea di salvaguardare l'ambiente che ci circonda. Inoltre hanno saputo mostrare il mondo attraverso una nuova lente, trovando bellezza e vita nuova in ciò che sembrava solo uno scarto.

Seguendo il percorso tra le bancarelle si arrivava a un palco dove gli artisti si esibivano incantando la folla. C'erano acrobati che volteggiavano nell'aria, i loro movimenti aggraziati sfidavano la gravità. I musicisti suonavano dal vero mentre una troupe di danza si esibiva in coreografie veloci e ritmate.

Quando il giorno diventa sera, il quartiere fieristico non va a dormire ma si trasforma. Diventa un luogo magico che sembra uscito da un sogno, illuminato da torce tremolanti e luci scintillanti.

I cittadini si radunarono attorno a un falò centrale, scaldandosi le mani e i visi sorridenti dal vento freddo dei monti. Intanto delle ragazze con grandi vassoi argentati distribuivano a tutti la cioccolata calda.

They made each work with recycled and waste materials with the idea of safeguarding the environment around us. They have also been able to show the world through a new lens, finding beauty and new life in what seemed to be just a waste.

Following the path between the stalls, one reached a stage where the artists performed, enchanting the crowd. Acrobats were whirling through the air, their graceful movements defying gravity. Live musicians played while a dance troupe performed fast-paced choreography.

When day turns into evening, the fairgrounds don't go to sleep but are transformed. It becomes a magical place that seems straight out of a dream, illuminated by flickering torches and twinkling lights.

The citizens gathered around a central bonfire, warming their hands and smiling faces from the cold wind from the mountains. Meanwhile some girls with large silver trays were distributing hot chocolate to everyone.

## Vocabulary

**Fitta**: Lush
**Macchine**: Cars
**Precedono**: Anticipate
**Famosa**: Popular
**Artigiani**: Craftsmen
**Incontrarsi**: To meet each other
**Decorato**: Decorated
**Gentilmente**: Kindly
**Sfornati**: Baked
**Pennelli**: Paint brushes
**Colori a cera**: Wax colors
**Acquerelli**: Watercolors
**Tempere**: Poster paint
**Carboncino**: Charcoal

## Questions

**1) Where is the village of the story located?**
a) near the sea
b) near a lake
c) near a big city
d) in a desert
e) on a mountain

**2) At what time of year the fair takes place?**
a) it isn't said
b) during the summer
c) during May
d) during January
e) during spring

**3) Who participates in the fair?**
a) people from near and far away
b) people who live nearby
c) only the village inhabitants
d) only people from the city
e) people who happen there by chance

**4) What do the stands sell?**
a) only food
b) only clothing
c) nothing
d) handmade items
e) old records

**5) How does the evening end?**
a) it ends with a cup of hot chocolate
b) it ends with a cup of tea
c) it ends with a dancing party
d) it ends with a concert
e) it ends with a big dinner

# La gita in barca-The boat trip

## Riassunto

In una città sul mare abitano due amici, Marcello e Piero. In una giornata particolarmente bella Marcello decide che è l'occasione giusta per telefonare a Piero e organizzare una gita in barca. Infatti non lontano sulla costa si trova una grotta famosa da secoli per la sua bellezza e rarità. Ma può essere raggiunta solo in barca e solamente nelle giornate di bel tempo. Quando il vento è forte può essere molto pericoloso tanto che molte imbarcazioni sono affondate in quella zona. I due amici approfittano del tempo favorevole e organizzano con cura la gita in barca: verranno premiati dall'incontro con I delfini I gabbiani e dalla visione da sogno della misterios grotta.

## Summary

Two friends, Marcello and Piero live in a city by the sea. On a particularly beautiful day, Marcello decides that this is the right occasion to call Piero and organize a boat trip. In fact, not far on the coast, there is a cave famous for centuries for its beauty and rarity. But it can only be reached by boat and only in good weather. When the wind is strong it can be very dangerous so much so that many boats have sunk in that area. The two friends take advantage of the favorable weather and carefully organize the boat trip: they will be rewarded by the encounter with the dolphins, the seagulls, and the dream vision of the mysterious cave.

In una bella città in riva al mare blu due migliori amici di nome Marcello e Piero vivevano e lavoravano, ma ad ogni occasione ne approfittavano per uscire in mare ed esplorare l'ambiente marino. La città aveva un grande **porto** commerciale pieno di navi da carico che andavano e venivano piene delle loro **merci**.

Ma oltre ad esso c'era anche un piccolo porto turistico da cui gli amanti del mare e della natura partivano per iniziare le loro esplorazioni nella zona.

Una mattina di sole, Marcello fa una telefonata a Piero che abita un po di vie più avanti. Sperava di trovare l'amico in casa perché il tempo era perfetto per andare a fare una gita in **barca**. Il mare era blu e piatto come una tavola, solo una leggera brezza faceva incresparsi a momenti la superficie. Il sole brillava nel cielo senza neanche una nuvola all'orizzonte e le previsioni del tempo prevedevano temperature gradevoli per il resto della **giornata**. Era in poche parole, la perfetta mattina di inizio estate. Piero rispose al telefono mentre aspettava che il caffè fosse pronto e sentendo l'idea di Marcello sporge la testa dalla finestra per vedere anche lui la giornata luminosa che stava iniziando. Decisero di incontrarsi al porto tra un ora per una gita in barca sino a una delle **grotte** del luogo, famosa in tutto il mondo per la sua bellezza. Marcello ha finito presto di bere il suo caffè ed ha cominciato a riempire la sacca **verde militare** che portava sempre in queste occasioni.

Piero abitava più vicino al porto e quando Marcello arriva lo trova già sulla barca. Ormeggiato in porto sta consultando una cartina e sta segnando l'itinerario per la giornata. Anche lui ha portato la sua sacca di grosso cotone blu e con grande piacere di Marcello il piccolo mini frigo dell'imbarcazione è già stato riempito di snack.

Con un suono Piero accese il motore, un suono scoppiettante arrivò dagli ingranaggi prima che l'**imbarcazione** cominciasse a muoversi. Navigavano lungo la costa, la vista della città più in alto sulla scogliera da una parte. Mentre dall'altra non avevano che il blu infinito del mare che si fondeva col cielo.

In a beautiful city by the blue sea two best friends named Marcello and Piero lived and worked, but they took every opportunity to go out to sea and explore the marine environment. The city had a large trading port filled with cargo ships that came and went filled with their goods.

But in addition to it there was also a small marina from which lovers of the sea and nature departed to begin their explorations in the area.

One sunny morning, Marcello makes a phone call to Piero who lives a few streets further on. He hoped to find his friend at home as the weather was perfect for going on a boat trip. The sea was blue and flat as a table, only a light breeze occasionally rippling the surface. The sun was shining in the sky without a single cloud on the horizon and the weather forecast predicted pleasant temperatures for the rest of the day. It was, in a nutshell, the perfect early summer morning. Piero answered the phone while he was waiting for the coffee to be ready and hearing Marcello's idea he stuck his head out the window to see the bright day that was beginning. They agreed to meet at the port in an hour for a boat trip to one of the local caves, famous throughout the world for its beauty. Marcello finished drinking his coffee early and began to fill the military green bag he always wore on these occasions.

Piero lived closer to the port and when Marcello arrives he finds him already on the boat. Moored in the port, he is consulting a map and marking out the itinerary for the day. He too brought his big blue cotton sack and to Marcello's great pleasure the small mini fridge on the boat was already filled with snacks.

With a bang Piero started the engine, a crackling sound came from the gears before the boat began to move. They sailed along the coast, the view of the city higher up the cliff to one side. While on the other they had nothing but the infinite blue of the sea merging with the sky.

Il vento leggero gli passava sui visi come una **carezza** e il movimento ritmico delle onde e il brontolio basso del motore creavano un ambiente sereno e rilassante. Mentre scivolavano sull'acqua con Piero concentrato al timone sentirono un rumore d'acqua che scroscia. Si girarono entrambi e all'improvviso videro un delfino che saltando aveva provocato il suono. Si accorsero che non solo uno ma un gruppo di tre delfini saltava gioiosamente mentre seguivano la scia dell'imbarcazione. Saltavano, si immergevano ed emergevano in un altro punto, giocando tra loro e mostrando a Marcello e Piero tutti i loro **trucchi**. La loro energia si trasmise anche ai due uomini che guardavano incantati le acrobazie che gli animali marini erano in grado di compiere.

Osservarono con meraviglia le aggraziate creature marine, che a volte li seguivano e a volte li precedevano, ormai parte della spedizione. Mentre seguivano i delfini, la barca li ha portati lontano dal piccolo porto che ormai alle loro spalle non si vedeva più. Un alta scogliera bianca faceva contrasto col colore blu e trasparente del mare. Il bianco degli scogli intervallato solo da qualche ciuffo di macchia mediterranea rifletteva la luce del sole. Anche la superficie dell'acqua rifletteva la luce creando un riflesso blu e verde che si muoveva con le onde.

All'improvviso, videro un gruppo di **gabbiani** librarsi in alto sopra di loro, le loro ali eleganti che scintillavano alla luce del sole. Piero e Marcello non mancavano mai di meravigliarsi della lunghezza delle loro ali e della grazia con cui si volavano e a volte sembravano restare sospesi in aria come se non avessero peso. **Volteggiavano** in perfetta armonia tra il cielo e il mare. Con i delfini come navigatori ed i gabbiani che li osservavano dall'altro e ogni tanto si tuffavano per afferrare un pesce, i due esploratori alla loro destinazione. Gli amici si sentivano veramente privilegiati per essere stati accompagnati dagli abitanti del mare e del cielo.

Dentro di loro cresceva l'anticipazione mentre la barca scivolava sicura sull'acqua e loro si avvicinavano alla meta. La caverna era raggiungibile solo in barca, protetta sul lato della terra ferma da alte scogliere scoscese. Inoltre era un luogo famoso per essere bello tanto quanto pericoloso.

The light wind passed over his face like a caress and the rhythmic movement of the waves and the low rumble of the engine created a serene and relaxing environment. As they glided across the water with Piero concentrated at the helm, they heard the sound of rushing water. They both turned around and suddenly saw a dolphin which had caused the sound by leaping. They noticed that not just one but a group of three dolphins were jumping joyfully as they followed the wake of the boat. They jumped, dived and emerged at another point, playing with each other and showing Marcello and Piero all their tricks. Their energy was also transmitted to the two men who watched in fascination at the acrobatics that marine animals were capable of performing.

They marveled at the graceful sea creatures that sometimes followed and sometimes preceded them, now part of the expedition. While they were following the dolphins, the boat took them away from the small port which was no longer visible behind them. A high white cliff contrasted with the blue and transparent color of the sea. The white of the rocks interspersed only with a few tufts of Mediterranean scrub reflected the sunlight. The surface of the water also reflected light creating a blue and green reflection that moved with the waves.

Suddenly, they saw a group of seagulls hovering high above them, their elegant wings glinting in the sunlight. Piero and Marcello never failed to marvel at the length of their wings and the grace with which they flew and sometimes seemed to hang suspended in the air as if they had no weight. They circled in perfect harmony between the sky and the sea. With dolphins as navigators and seagulls watching them from the other and occasionally diving to catch a fish, the two explorers to their destination. The friends felt truly privileged to have been accompanied by the inhabitants of the sea and the sky.

Anticipation built within them as the boat glided confidently through the water and they approached their destination. The cave was accessible only by boat, protected on the land side by high craggy cliffs. It was also a place famous for being as beautiful as it was dangerous.

Per vistare la grotta senza correre alcun periodo occorreva recarcisi solo nei giorni in cui le condizioni del meteo lo permettevano. Un cambio di vento poteva facilmente causare l'annullamento di una spedizione. Quando erano piccoli i genitori gli raccontavano storie di antichi **navigatori** e pirati che avevano sfidato il mare e le loro grandi barche di legno piene d'oro e di spezie erano affondate proprio passando davanti alla misteriosa grotta. Mentre si avvicinavano all'ingresso, l'acqua sotto di loro divenne misteriosa e scura, facendogli venire i brividi lungo la schiena.

Finalmente erano arrivati all'ingresso della caverna. Gli scogli si aprivano per mostrare un arco di pietra. Anche in pieno giorno l'arco di pietra che si trovava sull'ingresso della grotta lasciava passare poca luce e l'acqua sembrava essere in quel punto più profonda e più agitata mentre sbatteva ora sugli scogli ora sul bordo dell'imbarcazione. Mentre Piero stava al **timone** Marcello tirò fuori una grossa torcia da campeggio e si mise a fare luce sul percorso che stavano cautamente seguendo. La grotta era vasta, con pareti adornate di formazioni cristalline, che riflettevano la luce. Notarono e si meravigliarono della grandezza delle intricate stalattiti e stalagmiti, dovevano essersi formate nel corso dei secoli.

Ogni tanto una goccia d'acqua cadeva o si sentiva un leggero rumore di onde da fuori ma a parte questo l'interno della grotta era silenzioso.

Solo il rumore della barca interrompeva calma profonda della grotta. Dal soffitto penetrava una striscia di sole che cadendo sull'acqua si rifletteva facendo brillare la grotta e tutte le sue formazioni. La luce che colpiva il blu intenso dell'acqua illuminava di azzurro le pareti che sembrano brillare dall'interno di una luce da caleidoscopio.

Lasciando la caverna, con il cuore pieno di gioia, Marcello e Piero entrambi con ancora negli occhi quella luce azzurra tornarono sui loro passi. Girarono la loro barca piano facendo attenzione a non urtare gli scogli acuminati. Fuori dalla grotta il sole brillava dorato come prima e sembrava ancora più intenso dopo essere stati per un poco in quella magica atmosfera dalla luce blu. I delfini tornarono a saltare intorno all'imbarcazione che si dirigeva verso il porto. Mentre tornavano a casa i due mangiarono qualche fetta di pizza fredda come snack.

To visit the cave without spending any time, it was necessary to go there only on days when the weather conditions allowed it. A change of wind could easily cause an expedition to be canceled. When they were little, their parents told them stories of ancient navigators and pirates who had challenged the sea and their large wooden boats full of gold and spices had sunk just passing in front of the mysterious cave. As they approached the entrance, the water below them turned eerie and dark, sending shivers down their spine.

Finally they had arrived at the entrance to the cave. The rocks opened to show a stone arch. Even in broad daylight, the stone arch that was over the entrance to the cave let in little light and the water seemed to be deeper and more agitated at that point as it slammed now on the rocks now on the edge of the boat. While Piero was at the helm, Marcello took out a large camping torch and began to shed light on the route they were cautiously following. The cave was vast, with walls adorned with crystalline formations, which reflected the light. They noticed and marveled at the size of the intricate stalactites and stalagmites, they must have formed over the centuries.

Every now and then a drop of water fell or a slight sound of waves was heard from outside but other than that the inside of the cave was silent.

Only the noise of the boat interrupted the deep calm of the cave. A strip of sunlight penetrated from the ceiling which, falling on the water, reflected making the cave and all its formations shine. The light that hit the intense blue of the water illuminated the walls in blue, which seem to shine from within with a kaleidoscope light.

Leaving the cave, with hearts full of joy, Marcello and Piero both with that blue light still in their eyes retraced their steps. They turned their boat slowly, being careful not to hit the sharp rocks. Outside the cave the sun shone golden as before and seemed even more intense after being for a while in that magical atmosphere of blue light. The dolphins once again leap around the boat as it headed for port. On the way home, the two ate a few slices of cold pizza as a snack.

Dopo un po il porto fu di nuovo visibile ai loro occhi, prima piccolino poi via via sempre più grande. I delfini fecero qualche ultimo balzo fuori dall'acqua come per salutare, prima di rituffarsi nelle onde e nuotare verso il mare aperto.

After a while the port was again visible to their eyes, first small then gradually bigger and bigger. The dolphins made a few last leaps out of the water as if to say hello, before diving back into the waves and swimming out to sea.

## Vocabulary

**Porto**: Harbor
**Merce**: Goods
**Barca**: Boat
**Giornata**: Daytime
**Grotte**: Caves
**Verde militare**: Military green / camouflage
**Imbarcazione**: Boat
**Carezza**: Caress
**Trucchi**: Tricks
**Gabbiani**: Seagulls
**Volteggiare**: Twirl around
**Navigatori**: Navigators
**Timone**: Helm

## Questions

**1) Why did the two friends choose this day for their excursion?**
a) the weather is bad
b) the weather is good
c) is Marcello's birthday
d) it is the first day of summer
e) they choose by chance

**2) What is the destination of the day trip?**
a) a castle
b) a secret cottage
c) a beautiful cave
d) a magic river
e) a cold mountain

**3) How did they get there?**
a) they walk for a long time
b) they have to go by boat
c) they take the train
d) they have to take a plain
e) they hike up there

**4) Is the plan accomplished successfully?**
a) yes they visit the cave and it is beautiful
b) yes they visit the mountain and it is beautiful
c) yes they visit the city and it is beautiful
d) no the weather is bad and they go home
e) no the weather is bad and the boat sinks

**5) Which animals do they meet by chance?**
a) dolphins and seagulls
b) a shark
c) a shark and seagulls
d) a whale
e) dolphins and sharks

# Il gatto-The cat

## Riassunto

Una govane coppia una sera torna a casa dal lavoro per trovare sulla soglia della porta di casa un grosso gatto bianco col pelo lungo. Dopo qualche dubbio decidono di far entrare il gatto in casa e di aiutarlo a ritrovare I suoi proprietari. Ma dopo I primi tentativi scoprono che non è facile, fortunatamente tutto il vicinato si interessa al gatto perduto e aiuta I due a cercare in tutta la città. Alla fine la proprietaria del gatto viene rintracciata e I due felicemente riuniti.

## Summary

A young hard working couple returns home from work one evening. They find a large white long-haired cat waiting on the doorstep. After some doubts they decide that the cat must be lost and they let it into the house and help him find the owners. But after the first attempts they discover that it is not easy, fortunately the whole neighborhood is involved in the lost cat mystery and helps the two to search throughout the city. Eventually the cat's owner is tracked down and the two are happily reunited.

Al primo piano di una palazzina di nuova **costruzione** si era trasferita da poco una coppia, Sofia e Angelo. I due si erano conosciuti all'università e conclusi gli studi avevano deciso di cercare lavoro nella stessa città e di andare a vivere assieme. L'appartamento che avevano scelto si trovava in un quartiere tranquillo, le **finestre** della casa si affacciavano su un lungo viale alberato. Davanti alla porta d'ingresso di legno scuro c'era un aiuola con un poco di prato e dei fiori bianchi e rosa che Sofia aveva piantato di persona. L'appartamento era piccolo ma **curato** anche se spesso in disordine perché sia Angelo che Sofia erano grandi lavoratori. Le loro giornate erano frenetiche, uscivano la mattina presto e tornavano la sera tardi. Volevano con tutto il loro impegno riuscire a costruirsi un futuro insieme.

Una sera stavano tornando dal lavoro, aveva finito prima Sofia che aveva aspettato Angelo all'uscita del suo ufficio per andare a casa insieme. Mentre camminavano piano verso casa si raccontavano piccoli fatti quotidiani.

Arrivati davanti alla porta si trovarono di fronte a una figura inaspettata. Seduto sul primo gradino c'era un grande gatto bianco col pelo lungo che miagolava **sonoramente**. I due sono rimasti sorpresi perché che loro sapessero nessuno nei dintorni aveva un gatto del **genere** che abitava all'esterno. Ma neanche all'interno per essere corretti. L'unico animale domestico in quell'edificio era il piccolo cane da compagnia dei signori che abitavano al terzo piano. Era un animaletto piccolo dal pelo marrone e ondulato, teneva sempre la **lingua** rosa fuori dalla bocca cosa che dava l'impressione che sorridesse sempre quando lo incontravi. Una altra caratteristica buffa è che il cagnolino era assolutamente **terrorizzato** dai gatti e proprio per questo un giorno Sofia parlando con la padrona aveva notato -In questo caso è una fortuna che nessuno abbia gatti qui in zona.

Quindi il mistero rimaneva, da dove era arrivato il gatto? Sofia propose subito di farlo entrare in casa ma Angelo le disse di aspettare perché era chiaramente un gatto domestico ed **apparteneva** a qualcun altro. I due entrarono in casa e continuarono a svolgere le consuete attività del rientro da lavoro.

A couple, Sofia and Angelo, had recently moved in on the first floor of a newly built building. The two had met at university and after completing their studies they had decided to look for work in the same city and to go and live together. The apartment they had chosen was in a quiet neighborhood, the windows of the house overlooked a long tree-lined avenue. In front of the dark wooden front door was a flowerbed with a little grass and some pink and white flowers that Sofia had planted herself. The apartment was small but well-kept even if it was often messy because both Angelo and Sofia were hard workers. Their days were hectic, they went out early in the morning and returned late in the evening. They wanted with all their efforts to be able to build a future together.

One evening they were returning from work, Sofia had finished first and had waited for Angelo at the exit of his office to go home together. As they walked slowly home they told each other little daily facts.

Arrived in front of the door they found themselves in front of an unexpected figure. Sitting on the first step was a large white long-haired cat meowing loudly. The two were surprised because as far as they knew, no one around had such a cat living outside. But not even inside to be correct. The only pet in that building was the small pet dog of the lady who lived on the third floor. It was a small animal with brown and wavy fur, it always kept its pink tongue out of its mouth which gave the impression that it was always smiling when you met it. Another funny feature is that the little dog was absolutely terrified of cats and for this reason one day Sofia, speaking with the lady, noted - In this case, it is fortunate that no one has cats here in the area.

So the mystery remained, where did the cat come from? Sofia immediately proposed to let him into the house but Angelo told her to wait because it was clearly a house cat and belonged to someone else. The two entered the house and continued to carry out the usual activities when returning from work.

Il gatto fuori continuava a stare seduto sul suo **gradino** miagolando tanto forte che era possibile sentirlo chiaramente anche da dentro casa. Sofia ed Angelo erano seduti a mangiare la cena quando Sofia, sentendo il gatto, chiese di nuovo di lasciarlo entrare. Angelo rifiuta ancora una volta, non è un problema loro ed avrebbe riempito loro la casa di pelo. Mentre sono seduti sul divano soffice a guardare un film si sente di nuovo il gatto da fuori che, probabilmente sempre seduto sul gradino miagola e chiama.

Sofia dice ancora ad Angelo che dovrebbero portarlo in casa, ma Angelo risponde che chiaramente non è ferito e forse sta solo aspettando che chi di dovere venga a recuperarlo. Dopo il film Angelo si stava lavando i denti e mentre cercava il caricabatterie del telefono cellulare Sofia sente ancora il miagolio da fuori. Si affaccia con la testa alla porta del bagno e dice ancora:

-Angelo! Il gatto!.

Alla fine anche Angelo deve arrendersi alle richieste ed al **miagolio** incessante. La porta dell'appartamento si apre e il grosso gatto bianco giara veloce la testa verso la striscia di luce, stirandosi si alza e rapido entra in casa. Sofia che aveva sempre voluto avere animali domestici è entusiasta del nuovo arrivato. Angelo controlla per capire se l'animale abbia qualche problema o se indossi almeno un collare che indichi da dove arriva. Ma nonostante il gatto sia in perfetta salute, il pelo lungo morbido come una nuvola non indossava nessuna **targhetta** per identificarlo.

Il giorno dopo, determinati a trovare il proprietario del gatto perduto, Sofia e Angelo partono in missione. Chiedono informazioni nel vicinato, mostrano la foto della nuvola di pelo. Sfortunatamente nessuno sembrava riconoscerlo.

Rifiutando di arrendersi i due hanno stampato una pila di volantini con la foto del gatto, dove è stato ritrovato ed il loro contatti telefonici. Tutte le sere tornando da lavoro appendevano i volantini sulle vetrine e sui lampioni lungo la strada aspettando una chiamata.

Col passare del tempo la ricerca del padrone del gatto è diventata una missione collettiva, amici e vicini si sono uniti allo sforzo diffondendo la foto del micio e chiedendo a loro volta se qualcuno potesse riconoscerlo.

The cat outside continued to sit on his step meowing so loud that it was clearly heard even from inside the house. Sofia and Angelo were sitting down to eat dinner when Sofia, hearing the cat, asked again to let him in. Angelo refuses once again, it's not their problem and he would have filled their house with fur. While they are sitting on the soft sofa watching a film, the cat from outside can be heard again, probably still sitting on the step, meowing and calling.

Sofia tells Angelo again that they should take him inside, but Angelo replies that he clearly isn't injured and maybe he's just waiting for the proper ones to come and retrieve him. After the movie Angelo was brushing his teeth and while looking for the charger of the mobile phone Sofia still hears the meowing from outside. He leans his head towards the bathroom door and says again:

-Angelo! The cat!.

In the end even Angelo has to surrender to the requests and the incessant meowing. The door to the apartment opens and the big white cat quickly turns its head towards the strip of light, stretches, gets up and quickly enters the house. Sofia who had always wanted to have pets is thrilled with the new arrival. Angelo checks to see if the animal has any problems or if it is wearing at least one collar that indicates where it comes from. But although the cat is in perfect health, the long fur soft as a cloud was not wearing any tags to identify it.

The next day, determined to find the owner of the lost cat, Sofia and Angelo set off on a mission. They ask for information in the neighborhood, they show the photo of the fur cloud. Unfortunately no one seemed to recognize him.

Refusing to give up, the two printed a stack of fliers with a photo of the cat, where it was found, and their contact numbers. Every evening, returning from work, they hung fliers on shop windows and street lampposts waiting for a call.

Over time, the search for the cat's owner has become a collective mission, friends and neighbors have joined the effort by spreading the photo of the cat and asking in turn if anyone could recognize him.

Nel **frattempo** un po tutto il palazzo si era affezionato al grosso gatto bianco, soprattutto i figli dei vicini amavano portargli delle scatolette di tonno e giocavano con lui che inseguiva un filo con legata una campanella.

La notizia del gatto misterioso si è diffusa a macchia d'olio, delle organizzazioni cittadine si sono anche offerte di aiutare con i volantini in modo da diffondere la notizia nel resto della città. Sofia ed Angelo sono rimasti stupiti dal sostegno ed aiuto dei loro concittadini, questo non solo ha fatto loro ritrovare un po di fiducia nell'umanità ma li ha anche resi ancora più determinati a riunire il gatto con la sua famiglia.

Una sera, mentre Sofia e Angelo erano al solito appena rientrati squillò il telefono. Sofia aveva la suoneria sempre accesa proprio nel caso qualcuno la cercasse per il gatto, che intanto dormiva **mimetizzandosi** sul piumino bianco del letto. Al telefono risultava un numero sconosciuto e quando Sofia rispose una voce di donna cominciò a parlare. La donna al telefono si presentò come Veronica, cominciò a spiegare di come avesse perso il suo gatto qualche settimana prim durante un trasloco. La porta della nuova casa era rimasta aperta nella confusione e l'animale doveva essere uscito fuori. Trovandosi però in un quartiere del tutto nuovo deveva essersi perso ed infatti non era più tornato da allora. Veronica che si era accorta in fretta della mancanza del gatto che di nome faceva Baltazar, si era messa subito alla ricerca. Purtroppo dopo qualche settimana di tentativi inutili, stava cominciando a perdere le speranze. Questo almeno sino a che una sera, delle sue allieve, Veronica insegnava Pilates, non le ha portato in classe un volantino. Le dice di come una sera andando a trovare dei parenti, ha visto il volantino in una vetrina di un negozio e che il gatto nella foto somiglia al perduto Baltazar. Veronica illuminandosi di speranza ha subito riconosciuto il grosso gatto bianco nella foto e il giorno stesso ha telefonato al numero per sapere se poteva vedere il gatto, nella speranza che fosse proprio Baltazar. Sofia e Angelo si riempirono di entusiasmo quando si resero conto che molto probabilmente, avevano trovato il proprietario.

Furono presi accordi affinché Sofia Angelo e Veronica si incontrassero già il giorno dopo. Si erano dati appuntamento in un parco poco lontano, davanti alle fontane in modo da trovarsi subito.

In the meantime, the whole building had grown fond of the big white cat, especially the children of the neighbors who loved to bring him cans of tuna and played with him as he chased a wire with a bell tied to it.

News of the mystery cat spread like wildfire, with city organizations even offering to help with fliers to spread the word to the rest of the city. Sofia and Angelo were amazed by the support and help of their fellow citizens, this not only made them regain some faith in humanity but also made them even more determined to reunite the cat with his family.

One evening, while Sofia and Angelo were back to business as usual, the phone rang. Sofia had the ringtone always on just in case someone was looking for her for the cat, who in the meantime was sleeping, blending into the white duvet on the bed. The phone was an unknown number and when Sofia answered a woman's voice began to speak. The woman on the phone introduced herself as Veronica, began explaining how she had lost her cat a few weeks ago during a move. The door to the new house had been left open in the commotion and the animal must have come out. However, finding himself in a completely new neighborhood he must have been lost and in fact he hadn't returned since then. Veronica, who had quickly noticed the lack of the cat whose name was Baltazar, had immediately started looking for it. Unfortunately, after a few weeks of futile attempts, she was starting to lose hope. This was at least until one evening, one of her students, Veronica taught Pilates, brought her a flier to class. She tells her how one evening while visiting relatives, he saw the flier in a shop window and that the cat in the photo resembles the lost Balthazar. Veronica lighting up with hope immediately recognized the big white cat in the photo and the same day she called the number to find out if she could see the cat, in the hope that it was Baltazar. Sofia and Angelo were filled with enthusiasm when they realized that most likely they had found the owner.

Arrangements were made for Sofia Angelo and Veronica to meet the next day. They had arranged to meet in a park not far away, in front of the fountains so that they could meet right away.

Sofia e Angelo avevano faticato non poco a convincere Baltazar a entrare nel trasportino per cani che i vicini gli avevano prestato appena saputa la notizia. Arrivati al parco con Baltazar che protestava sonoramente nel trasportino videro una donna alta con i capelli chiari che gli faceva cenno con la mano. Si sono presentati velocemente e quando hanno aperto la porta del trasportino il gatto è saltato fuori ma non a terra, è balzato dritto tra le braccia di Veronica che sembrava sul punto di piangere dalla gioia.

Col volto sprofondato della folta pelliccia bianca del gatto gli ha ringraziati ancora e ancora per averle riportato il suo migliore amico.

Sofia and Angelo had worked hard to convince Baltazar to get into the dog carrier that the neighbors had lent them as soon as they heard the news. Arriving at the park with Baltazar protesting loudly in the carrier, they saw a tall woman with light hair waving at him. They introduced themselves quickly and when they opened the door of the kennel the cat jumped out but not on the ground, he jumped straight into Veronica's arms which looked like she was about to cry with joy.

With the sunken face of the cat's thick white fur, she thanked them again and again for bringing her best friend back to her.

## Vocabulary

**Costruzione**: Building
**Curato**: Cared for
**Sonoramente**: Loudly
**Genere**: Kind / type
**Lingua**: Tongue
**Terrorizzato**: Terrified
**Gradino**: Step
**Miagolio**: Meow
**Targhetta**: Tag
**Frattempo**: Meanwhile
**Mimettizandosi**: Blend in

# Questions

**1) What are the two main characters' names?**
a) Antonella and Francesco
b) Franco and Caterina
c) Antonella and Giuliana
d) Roberto and Anna
e) Angelo and Sofia

**2) How do they know each other?**
a) they are brother and sister
b) they are a couple
c) they do not really know each other
d) they are neighbors
e) they are coworkers

**3) What animal the find?**
a) a big dog
b) a small dog
c) a small cat
d) a big cat
e) a hamster

**4) Did they already have pets at home**
a) no they didn't have any
b) no they were scared of animals
c) yes they had a dog
d) yes they had two dogs
e) yes they had two cats

**5) Do they find the owner immediately?**
a) yes the owner was their neighbor
b) yes the same day
c) no they need help
d) no they never find the owner
e) no it takes three whole years

# I compiti delle vacanze-Holidays Homework

## Riassunto

Edoardo è un bambino in vacanza ma non è felice perché ha aspettato troppo tempo ad iniziare I compiti delle vacanze. Per questo motivo se ne sta in camera sua a guardare tutti I compiti che deve volgere e pensa scoraggiato a come siano noiosi e che stanno rovinando le sue vacanze. Inaspettatamente Giuliana la sua migliore amica e vicina di casa si presenta proponendo una soluzione. Grazie al suoi aiuto I compiti per le vacanze si traformano in un attività interessante e fantasiosa.

## Summary

Edoardo is a child on vacation but he's not happy because he waited too long to start his vacation homework. For this reason, he sits in his room looking at all the homework he has to do and thinks discouraged how boring they are and that they are ruining his holidays. Unexpectedly, Giuliana, her best friend and neighbor shows up proposing a solution. Thanks to his help, homework for the holidays turns into an interesting and imaginative activity.

Una volta, in un'**accogliente** e piccola cittadina sul mare viveva un bambino giocoso e fantasioso di nome Edoardo. Abitava in una casetta con le pareti dipinte di giallo insieme alle due sorelline più piccole, Vittoria e Stefania ed al cane di famiglia Gemma. Le giornate passavano veloci e il vento portava sino in casa il profumo del mare. Era la tanto attesa pausa estiva, le vacanze d'estate che Edoardo e i suoi compagni di classe sognavano nei freddi e lunghi mesi invernali. La maggior parte dei bambini si rallegrava al pensiero di interminabili giorni di libertà e avventura, però Edoardo non era del tutto tranquillo.

Temeva un compito che gli pesava sulla testa come una nuvola nera: i compiti delle vacanze.

Gli amici di Edoardo si erano già imbarcati in vacanze entusiasmanti e scappatelle elettrizzanti, lasciandolo solo nella sua stanza con pile di fogli di lavoro e libri di testo. Loro più responsabili avevano già lavorato ai **compiti** nelle settimane precedenti e potevano stare tranquilli. Edoardo invece aveva continuato a rimandare un giorno dopo l'altro. Cosa poteva farci se c'era sempre qualcosa di più interessante da fare dei compiti delle vacanze?

Mentre sedeva alla sua scrivania, fissando con sguardo vacuo la pagina bianca di fronte a lui, non poté fare a meno di emettere un pesante sospiro. Proprio in quel momento, una voce squillante e familiare chiamò il suo nome dalla finestra della sua camera da letto. Sorpreso, Edoardo si voltò per vedere.

La sua migliore amica, Giuliana, gli sorrideva mostrando tutti i denti. Giuliana abitava nella casa accanto e conosceva Edoardo e le sue **sorelle** da sempre. Lei aveva una fratello molto più grande di età e per questo motivo era spesso a casa di Edoardo a giocare con lui, inoltre avevano esattamente la stessa età e frequentavano la stessa scuola elementare. Giuliana in classe era amica di tutti, anche delle maestre. Era nota per il suo spirito avventuroso e la sua creatività, che sembravano sempre attirarla verso imprese piene di divertimento ma a volte la portavano anche a mettersi nei guai."Edoardo, mio caro amico!" esclamò Giuliana affacciandosi alla stanza dell'amico.

Once upon a time, in a welcoming small town by the sea, there lived a playful and imaginative boy named Edoardo. He lived in a small house with walls painted yellow together with his two younger sisters, Vittoria and Stefania and the family dog Gemma. The days went by quickly and the wind carried the scent of the sea into the house. It was the long-awaited summer break, the summer holidays that Edoardo and his classmates dreamed of in the cold and long winter months. Most of the children rejoiced at the thought of endless days of freedom and adventure, but Edoardo was not entirely calm.

He dreaded a task that weighed over his head like a dark cloud: his vacation homework.

Edoardo's friends had already embarked on exciting vacations and thrilling escapades, leaving him alone in his room with stacks of worksheets and textbooks. They were more responsible and had already started working on the tasks in the previous weeks and could rest assured. Edoardo, on the other hand, had continued to put it off day after day. What could he do if there was always something more interesting to do than homework?

As he sat at his desk, staring blankly at the white page in front of him, he couldn't help but let out a heavy sigh. Just then, a ringing, familiar voice called his name from the bedroom window. Surprised, Edoardo turned to see.

His best friend, Giuliana, smiled at him showing all her teeth. Giuliana lived next door and had always known Edoardo and his sisters. She had a much older brother and for this reason she was often at Edoardo's house to play with him, moreover they were exactly the same age and attended the same elementary school. Giuliana was friends with everyone in the class, even with the teachers. She was known for her adventurous spirit and creativity, which always seemed to lure her into fun-filled endeavors but sometimes even landed her in trouble. "Edoardo, my dear friend!" Giuliana exclaimed, looking out into her friend's room.

**Scavalcando** leggera la finestra e atterrò sul pavimento con un tonfo.

"Ti ho chiamato dalla mia finestra e neanche mi hai sentito, perché stai seduto li così cupo e triste in una giornata così perfettamente soleggiata e bella? Ti sei **dimenticato** che siamo in vacanza?"

Edoardo abbassò le spalle, gli occhi ancora fissi sui terribili compiti che aveva davanti e lo aspettavano. "Sono i compiti delle vacanze, Giuli. Non riesco proprio a trovare la motivazione per farli. Più li guardo meno ho voglia di risolvere anche soltanto un problema. Più li guardo meno li voglio fare, non mi va di scrivere nemmeno una riga ne rispondere a nessuna delle domande. Perché sono così difficili? Dovrò stare qui seduto per almeno cento anni prima di aver finito tutto. Mi sta rovinando l'estate."

Gli occhi di Giuliana brillarono di determinazione. Si avvicinò e si lasciò cadere sulla sedia accanto a Edoardo. Per niente scoraggiata disse:

"Bene, cambiamo le cose, non si può rovinare così un estate, va bene?"

Afferrando una matita e arruffando i capelli di Edoardo si accomodò alla scrivania come se fosse stata la sua.

"Trasformeremo questo compito noioso in un'avventura che non dimenticherai."

La curiosità di Edoardo era stata accesa e non più così cupo fece un cenno di assenso. Mentre guardava Giuliana mettersi all'opera pensò che forse la sua estate non era perduta. L'amica cominciò a sfogliare le pagine, veloce. Ogni tanto chiedeva se doveva fare questo capito o quello dopo. Si rivolgeva ad Edoardo rapida ed **efficiente**, indicando gli incarichi da svolgere per ogni compito, uno per uno e senza aggiungere nulla di troppo. Con ogni incarico, raccontava una storia fantasiosa. Sapeva molte storie e ne aveva sempre una adatta al caso ma se non ne aveva una **pronta** la inventava sul momento. Creando scenari e personaggi faceva sembrare il lavoro meno noioso e più eccitante.

Quello che spiegava il libro prendeva vita e non era più una montagna indistinta che avrebbe schiacciato Edoardo sotto il suo peso. Quando Edoardo ha iniziato a rendersi conto del divertimento nascosto in ogni compito, si è ritrovato a ridere e a partecipare attivamente alle loro avventure inventate.

Slightly vaulted over the window and landed on the floor with a thud.

"I called to you from my window and you didn't even hear me, why are you sitting there so gloomy and sad on such a perfectly sunny and beautiful day? Have you forgotten that we are on vacation?"

Edoardo shrugged, his eyes still fixed on the terrible tasks before him and waiting for him.

"They're my vacation homework, Giuli. I really can't find the motivation to do them. The more I look at them, the less I want to solve even one problem. The more I look at them, the less I want to do them. I don't feel like writing a single line or answering any of the questions. Why are they so hard? I'm going to have to sit here for at least a hundred years before I'm done with everything. It's ruining my summer."

Giuliana's eyes shone with determination. She walked over and dropped into the chair next to Edoardo. Not at all discouraged she said:

"Well, let's change things, you can't ruin a summer like that, okay?"

Grabbing a pencil and ruffling Edoardo's hair, he sat down at the desk as if it were her own.

"We will turn this boring task into an adventure you won't forget."

Edoardo's curiosity had been aroused and no longer so gloomy he nodded in assent. As he watched Giuliana get to work, he thought that perhaps his summer was not lost. The friend began to go through the pages, quickly. Every now and then she asked if he should do this assignment or the next. She addressed Edoardo quickly and efficiently, indicating the tasks to be carried out for each page, one by one and without adding anything too much. With each assignment, she told an imaginative story. She knew many stories and always had one suitable for the case but if he didn't have one ready he invented it on the spot. By creating scenarios and characters she made the job seem less boring and more exciting.

What the book explained came to life and was no longer an indistinct mountain that would have crushed Edward under its weight. As Edoardo began to realize the fun hidden in each task, he found himself laughing and actively participating in their made-up adventures.

Insieme, hanno **approfondito** un mondo di dinosauri durante la ricerca di storia sulle creature preistoriche. Hanno esplorato come due viaggiatori nel tempo il pianeta terra così come era prima che gli esseri umani ne facessero parte. Hanno viaggiato verso antiche civiltà mentre imparavano delle costruzioni monumentali che sapevano creare usando solo pietra e pochi altri materiali. Ma non si sono fermati a stare a casa perché gli sarebbe venuto a noia troppo presto. Il giorno dopo hanno persino fatto una vera e propria caccia al tesoro nella loro biblioteca locale. Hanno trovato tutti i libri più belli con le illustrazioni più interessanti per vedere e leggere con i loro occhi quello di cui la maestra parlava in classe e anche di più.

L'entusiasmo contagioso e le idee creative di Giuliana avevano trasformato i **banali** compiti delle vacanze di Edoardo in un viaggio emozionante. Più conquistavano, più cresceva l'interesse di Edoardo per le materie che studiavano e per le storie che scoprivano. All'improvviso, quello che una volta era un fardello insopportabile divenne per lui un'opportunità per esplorare. Nuovi orizzonti e nuovi mondi che non avrebbe altrimenti mai conosciuto. Ma questo lo portava anche ad acquisire conoscenze sul mondo che lo circondava e sui luoghi dove viveva. I giorni volavano mentre Edoardo e Giuliana lavoravano fianco a fianco, svolgendo gli incarichi un poco alla volta.

Con l'aiuto di Giuliana, il fardello dei compiti si alleggerì, sostituito da un senso di realizzazione la noia che lo paralizzava prima sembrava sparita nel nulla. Hanno collaborato, scrivendo storie, risolvendo problemi di matematica e **sperimentando** progetti scientifici. Ogni volta trovavano modi diversi di affrontare il compito, il tutto in modi che hanno reso il lavoro interessante e fatto volare la loro immaginazione.

Alla fine, l'ultima pagina fu completata e il sole iniziò a tramontare su un'estate piena di avventure, apprendimento e allegria. Edoardo guardò Giuliana con gratitudine e apprezzamento.

"**Grazie mille**, Giuli. Sei stata un amica fantastica quest'estate. Non ce l'avrei mai fatta senza di te.

Together, they delved into a world of dinosaurs while researching the history of prehistoric creatures. As two time travelers, they explored planet Earth as it was before humans were a part of it. They traveled to ancient civilizations while learning about the monumental constructions they could create using only stone and a few other materials. But they didn't stay at home because it would get boring too soon. They even went on a real scavenger hunt at their local library the next day. They found all the most beautiful books with the most interesting illustrations to see and read with their own eyes what the teacher was talking about in class and even more.

Giuliana's contagious enthusiasm and creative ideas had transformed Edoardo's mundane holiday tasks into an exciting journey. The more they conquered, the more Edoardo's interest in the subjects they studied and in the stories they discovered grew. Suddenly, what was once an unbearable burden became an opportunity for him to explore. New horizons and new worlds that he would never otherwise have known. But this also led him to acquire knowledge about the world around him and the places where lived. The days flew by as Edoardo and Giuliana worked side by side, carrying out the tasks a little at a time.

With Giuliana's help, the burden of homework eased, replaced by a sense of accomplishment the boredom that paralyzed him before seemed to have vanished into thin air. They collaborated, writing stories, solving math problems, and experimenting with science projects. Each time they found different ways to approach the task, all in ways that made the work interesting and let their imaginations soar.

Eventually, the last page was completed, and the sun began to set on a summer filled with adventure, learning, and merriment. Edoardo looked at Giuliana with gratitude and appreciation.

"Thank you so much, Giuli. You've been a fantastic friend this summer. I could never have done it without you.

Hai trasformato qualcosa di noioso come i compiti delle vacanze in qualcosa di straordinario, sono contento che sia andata così perché alla fine non solo ho fatto i miei compiti ma ho anche passato una estate bellissima".

Giuliana sorrise con fierezza, i suoi occhi scintillavano.

"Ecco a cosa servono gli amici, mi sono divertita anche io e poi che estate sarebbe stata se il mio migliore amico mi avesse lasciata da sola tutto il tempo per stare chiuso in casa a fare i compiti?".

Disse, dando a Edoardo una gomitata scherzosa.

"Ora che hai scoperto la gioia di imparare, chissà quali entusiasmanti sorprese ti aspettano nel prossimo anno scolastico?"

Edoardo annuì, mentre sorseggiavano succo di frutta seduti sul portico. Una nuova scintilla si era accesa dentro di lui. Grazie al modo di lavorare di Giuliana e al suo entusiasmo contagioso, si rese conto che anche i compiti più banali potevano diventare avventure straordinarie. E mentre salutavano la pausa estiva, Edoardo si sentiva pronto ad affrontare qualsiasi sfida gli si presentasse in futuro. Sapeva che da ora in poi le avventure e l'apprendimento sarebbero andati per sempre di pari passo.

You've turned something boring like holiday homework into something extraordinary, I'm glad it turned out that way because in the end not only did my homework but I also had a wonderful summer."

Giuliana smiled proudly, her eyes sparkling.

"That's what friends are for, I had fun too and what summer would it have been like if my best friend had left me alone all the time to stay indoors doing my homework?".

She said, giving Edoardo a playful nudge.

"Now that you've discovered the joy of learning, who knows what exciting surprises await you in the upcoming school year?"

Edoardo nodded as they sat on the porch sipping fruit juice. A new spark had ignited within him. Thanks to Giuliana's way of working and her contagious enthusiasm, she realized that even the most mundane tasks could become extraordinary adventures. And as they said goodbye to the summer break, Edoardo felt ready to face any challenge presented to him in the future. He knew that from now on, adventures and learning would go hand in hand forever.

## Vocabulary

**Accogliente**: Welcoming
**Compiti**: Homework
**Rallegrava**: Cheered up
**Sorelle**: Sisters
**Scavalcando**: Stepping over
**Dimenticato**: Forgotten
**Efficente**: Efficent
**Pronta**: Ready
**Approfondito**: Master
**Banali**: Trivial
**Sperimentando**: Experimenting
**Grazie** mille: Thank you very much

## Questions

**1) Why is Edoardo unhappy?**
a) he lost his cat
b) he lost his dog
c) he has lots of homework
d) he misses his friend
e) he lost his wallet

**2) Who is going to try to help him?**
a) his mom
b) his dad
c) both his parents
d) his best friend
e) his teacher

**3) How do they help out?**
a) they make the homework more interesting
b) they do all the homework for him
c) they do half of the homework
d) they ask for help from the teachers
e) they ask for help from the parents

**4) Does it work?**
a) no, the homework is unfinished
b) no, the homework is unfinished and Edoardo gets a bad grade
c) yes, because the homework becomes interesting
d) yes because the older sister does the homework for him
e) no because they forget the homework completely

**5) How does the story end?**

a) the teacher gives everybody a bad grade

b) the holidays are boring

c) Edoardo changes school

d) Edoardo doesn't hate homework anymore

e) Edoardo never does his homework

# Gli occhiali perduti-The lost glasses

## Riassunto

Questa storia si svolge in un ufficio postale poco prima delle vacanze. Questo è per gli impiegati uno dei giorni più frenetici e stressanti dell'anno perchè devono gestire molti più clienti del solito. Uno degli impiegati è seduto alla sua postazione e mentre è felice che la giornata stia per giungere al termine si accorge che I suoi occhiali da vista sono scomparsi. Si mette subito a cercarli perche sono fondamentali affinché possa terminare il lavoro prima di andare a casa. I suoi colleghi capiscono subito la situazione e si impegnano ad aiutarlo.

## Summary

This story takes place in a post office just before the holidays. This is one of the busiest and most stressful days of the year for employees as they have to handle many more customers than usual. One of the employees is sitting at his desk and while he is happy that the day is coming to an end he notices that his eyeglasses are missing. He immediately starts looking for them because they are essential so that he can finish the job before going home. His colleagues immediately understand the situation and are committed to helping him.

G li **uffici postali** sono sempre molto impegnati quando una vacanza o una festività si avvicina. Tutti scrivono a casa o mandano pacchi contenenti regali e ogni tipo di prodotto. Il traffico è così tanto che negli ultimi giorni il numero dei clienti in fila può anche triplicare. Gli impiegati invece sono sempre gli stessi del giorno prima e devono fare fronte alla valanga di persone che si riverseranno in sala nel momento esatto in cui le porte vengono aperte.

Il caporeparto organizza la giornata come se fosse un generale e gli impiegati i suoi soldati. Le giornate così sembravano passare sempre più veloci delle altre perché ad eccezione di qualche pausa tutti non facevano che correre da una parte all'altra. Alla sera finalmente arrivava il momento in cui l'ultimo gruppo di clienti entrava dalle porte di **legno** alto. Dopo di che il cartello giallo che segna la fine della giornata lavorativa veniva appeso all'ingresso e si poteva procedere alla chiusura, missione compiuta!

L'ufficio brulicava di energia mentre si avvicinavano le ultime ore della giornata lavorativa. Le luci fluorescenti ronzavano debolmente, illuminando file di ordinate sedie di legno con i dettagli gialli delle poste sullo **schienale**. Alcune erano ancora occupate da qualche cliente in fila ma per la gran parte erano vuote. Dall'altro lato della sala si trovava dietro un banco la fila di postazioni degli impiegate. Ognuna segnata con un numero giallo scritto su un cartellone. Le postazioni erano disseminate di tutti i materiali, pc, documenti, penne, **libri** per i conti, regolamenti, di cui si potesse aver bisogno. Dopo un intera giornata in cui sono passati di mano in mano tra un impiegato e l'altro giacciono sparsi sulle scrivanie come se un tornado li avesse trascinati sino li.

Tra gli impiegati c'era Mattia, un individuo pacato e organizzato con una routine meticolosa, anche lui come i suoi colleghi aveva passato una giornata di fuoco ma finalmente si arrivava a vederne la fine. Gli **occhiali** dalla **montatura sottile appollaiati** sul naso, gli davano un'aria di uno scienziato che esamina una nuova specie misteriosa che ha appena scoperto e deve perciò analizzare con tutta la sua attenzione.

Post offices are always very busy when a holiday or holiday approaches. Everyone writes home or sends parcels containing gifts and all kinds of products. There is so much traffic that in the last few days the number of customers in line can even triple. The employees, on the other hand, are still the same as the day before and have to deal with the avalanche of people who will pour into the room at the exact moment the doors are opened.

The foreman organizes the day as if he were a general and the clerks his soldiers. Days like this always seemed to pass faster than the others because, with the exception of a few breaks, everyone was always running from one side to the other. In the evening the moment finally arrived when the last group of customers entered through the high wooden doors. After which the yellow sign marking the end of the working day was hung at the entrance and it was possible to proceed with the closure, mission accomplished!

The office buzzed with energy as the last hours of the working day approached. The fluorescent lights hummed softly, illuminating rows of neat wooden chairs with a yellow post detailing on the backs. Some were still occupied by some customers in line but for the most part they were empty. On the other side of the room was the row of clerk's workstations behind a counter. Each is marked with a yellow number written on a billboard. The workstations were littered with all the materials, PCs, documents, pens, account books, regulations, that one could possibly need. After a whole day in which they have been passed from hand to hand between one employee and another, they lie scattered on the desks as if a tornado had dragged them there.

Among the employees there was Mattia, a calm and organized individual with a meticulous routine, he too, like his colleagues, had spent a day on fire but finally he was coming to an end. The thin-rimmed glasses perched on his nose gave him the air of a scientist examining a mysterious new species he has just discovered and must therefore analyze with his full attention.

Mentre l'orologio si avvicinava piano alle cinque e mezza, Mattia, si allungò, distolse lo sguardo dallo schermo ed allungò le lunghe gambe facendole spuntare da sotto la scrivania. Si passò una mano sulle spalle tese dopo aver mantenuto la stessa posizione per tante ore consecutive e distrattamente si passò anche una mano sul viso per aggiustarsi gli occhiali.

Questo solo per trovare uno spazio vuoto sul suo viso, proprio dove avrebbe giurato di aver indossato gli occhiali solo qualche secondo prima. Ma non c'era dubbio, gli mancavano gli occhiali. Dopo un attimo di sorpresa si rese conto che era un problema da risolvere immediatamente. Infatti Mattia aveva una pessima vista, sia **miope** che **astigmatico**, navigare tra le incombenze del lavoro senza gli occhiali era impossibile. Anche il grande numero giallo sulla sua postazione gli sembrava appannato e incomprensibile. Svuotò freneticamente il contenuto della sua borsa, pur sapendo che non c'era motivo per cui gli occhiali si dovessero trovare li. Si dovevano trovare sul suo naso, dove potevano servire al loro scopo. "Stai bene Mattia?" chiese la sua collega Lisa, che stava passando da li con una scatola piena di materiali per l'imballaggio. Notando l'angoscia sul suo volto del collega posò la scatola e si avvicinò alla postazione di Mattia, il cartellino da caporeparto con nome e cognome che **tintinnava** appeso a una catenina di perline rosse. "Ho perso i miei occhiali," rispose Mattia, la voce quasi indignata dal fatto che una cosa del genere fosse potuta capitare. "Lo sai non riesco a vedere niente senza di loro. Questo era il mio ultimo fascicolo per la serata e lo stavo per terminare ma in queste condizioni mi è impossibile". Rendendosi conto del problema, Lisa entrò in azione. "Non preoccuparti, Mattia. Ti aiuteremo a trovarli.

Tutti, smettetela con quello che state facendo! Mattia ha perso gli occhiali!" Il trambusto fece sì che tutti alzassero lo sguardo dalle loro postazioni di lavoro. L'ufficio, solitamente tranquillo e concentrato, si è trasformato in un mare agitato di colleghi in missione. C'era chi controllava tra le pile di lettere timbrate pronte da spedire. Altri controllavano gli armadietti della sala caffè e anche le credenze con il caffè in polvere lo zucchero ed i bicchieri di carta. Altri frugavano nell'archivio o nei cassetti dove si conservavano i francobolli.

As the clock slowly approached half past five, Mattia stretched out, took his eyes off the screen and stretched out his long legs making them emerge from under the desk. He passed a hand over his tense shoulders after having maintained the same position for so many consecutive hours and absentmindedly also passed a hand over his face to adjust his glasses.

That's only to find a blank space on his face, right where he could have sworn he'd been wearing his glasses just seconds ago. But there was no doubt, he was missing his glasses. After a moment of surprise he realized it was a problem to be solved immediately. In fact, Mattia had very bad eyesight, both short-sighted and astigmatic, navigating the tasks of work without glasses was impossible. Even the large yellow number on his desk seemed hazy and incomprehensible. He frantically emptied the contents of her bag, knowing there was no reason the glasses should be there. They were meant to be on his nose, where they could serve their purpose. "Are you okay Mattia?" asked her colleague Lisa, who was walking by with a box full of packing materials. Noticing the anguish on his colleague's face, he put down the box and approached Mattia's workstation, the foreman's tag with his name and surname jingling hanging from a chain of red beads. "I lost my glasses," replied Mattia, the voice almost indignant that such a thing could have happened. "You know I can't see anything without them. This was my last file for the evening and I was about to finish it but in these conditions it's impossible for me". Realizing the problem, Lisa leaps into action. "Don't worry, Mattia. We'll help you find them.

Everyone, stop what you're doing! Mattia has lost his glasses!" The commotion caused everyone to look up from their workstations. The usually quiet and concentrated office turned into a hectic sea of colleagues on missions. Piles of stamped letters ready to be sent. Others checked the coffee room lockers and also the sideboards with ground coffee, sugar and paper cups. Others rummaged in the archive or in the drawers where the stamps were kept.

Il direttore, il signor Baldi, emerse dal suo ufficio, perplesso per l'improvvisa frenesia. Raccolse rapidamente i dettagli da Lisa che lo mise al corrente di cosa avesse causato l'improvviso cambio di programma. Raddrizzando la cravatta viola che la moglie gli aveva regalato per il compleanno, decise di unirsi alla ricerca. I colleghi spostavano frettolosamente i mobili, prelevavano fascicoli dagli armadietti e setacciavano lo spazio dell'ufficio con sguardi determinati sui loro volti. Ogni individuo si è sentito in dovere di contribuire, condividendo l'ansia di Mattia e comprendendo l'importanza dei suoi occhiali. Mentre la ricerca continuava, l'atmosfera nell'ufficio cambiava. Le risate riempivano l'aria mentre i colleghi raccontavano storie di luoghi insoliti in cui avevano trovato oggetti fuori posto in passato. Hanno iniziato a legare sulle loro esperienze condivise di perdere e trovare cose nei luoghi più inaspettati. In mezzo al **cameratismo**, una delle colleghe di Mattia, Giovanna, ha notato qualcosa di strano. Si avvicinò a Mattia, porgendogli gli occhiali con un'espressione sconcertata."Ho trovato questi", disse Giovanna, "erano li dentro" aggiunse indicando l'interno di una pianta in vaso sulla sua scrivania. "Non so come siano finiti lì" tutti guardarono il vaso del ritrovamento come se dovesse svelargli qualche segreto. Ma tutti erano contenti che Mattia riavesse gli occhiali.

Il sollievo travolse Mattia stesso mentre prendeva gli occhiali dalla mano di Giovanna. La sala è esplosa in applausi, celebrando il trionfante recupero degli occhiali perduti in modo così strano e proprio nel momento peggiore.

Mattia non poteva fare a meno di sentirsi sopraffatto dalla gentilezza e dalla pazienza mostrate dai suoi colleghi. Avevano fatto di tutto per aiutarlo ed alla fine la ricerca era stata meno stressante e quasi divertente quando tutti hanno cominciato a lavorare insieme. L'incidente li aveva distratti dalla routine quotidiana e li aveva avvicinati come individui. Da quel giorno in poi, l'ufficio divenne un luogo più accogliente. Tutti avevano notato che differenza fa quando si affronta un problema tutti insieme. Anche dopo molto tempo nessuno è mai riuscito a spiegarsi come degli occhiali possano andare dalla faccia del loro proprietario ad una vaso di fiori u un altra scrivania. E il tutto senza che nessuno lo notasse.

The director, Mr. Baldi, emerged from his office, perplexed by the sudden frenzy. He quickly gathered details from Lisa who briefed him on what had caused the sudden change of plans. Straightening the purple tie his wife had given him for his birthday, decided to join in. Colleagues hastily moved furniture, pulled files from cabinets and scoured the office space with determined looks on their faces. Each individual felt compelled to contribute, sharing Mattia's anxiety and understanding the importance of his glasses. As the search continued, the atmosphere in the office changed. Laughter filled the air as colleagues recounted stories of unusual places they'd found misplaced objects in the past. They began to bond over their shared experiences of losing and finding things in the most unexpected places. In the midst of the camaraderie, one of Mattia's colleagues, Giovanna, noticed something strange. She approached Mattia, handing him the glasses with a bewildered expression. "I found these", said Giovanna, "they were in there" she added, pointing to the inside of a potted plant on her desk. "I don't know how they got there" Everyone looked at the vase of the find as if it was going to reveal some secret to them. But everyone was happy that Mattia had his glasses back.

Relief overwhelmed Mattia himself as he took the glasses from Giovanna's hand. The room exploded into applause, celebrating the triumphant recovery of lost glasses in such a strange way and at just the worst moment.

Mattia couldn't help but feel overwhelmed by the kindness and patience shown by his colleagues. They had done everything to help him and in the end the search was less stressful and almost fun when everyone started working together. The incident distracted them from their daily routine and brought them closer together as individuals. From that day on, the office became a more welcoming place. Everyone had noticed what a difference it makes when we all tackle a problem together. Even after a long time no one has ever been able to explain how glasses can go from their owner's face to a vase of flowers or another desk. And all without anyone noticing.

A volte quando si riuniscono tra loro nelle pause il mistero degli occhiali scomparsi salta fuori e ognuno ha una teoria diversa su come potrebbero essere andate le cose.

Sometimes when they get together in breaks the mystery of the missing glasses comes up and everyone has a different theory as to how things could have gone.

## Vocabulary

**Uffici postali**: Post Office
**Legno**: Wood
**Schienale**: Backrest
**Books**: Libri
**Occhiali**: Viewing Glasses
**Montatura**: Frame
**Sottile**: Thin
**Appollaiati**: Perched
**Miope**: Shortsighted
**Astigmatico**: Astigmatic
**Tintinnava**: Jingle
**Cameratismo**: Cameraderie

## Questions

**1) Who is the main character of the story?**
a) Angelo
b) Edoardo
c) Stefano
d) Riccardo
e) Mattia

**2) Where is he working at?**
a) at the post office
b) at the harbor
c) in a cafe
d) at his shop
e) at the fair

**3) What does he lose?**
a) his car
b) his glasses
c) his cat
d) his mind
e) his dog

**4) Did he finds back what he lost?**
a) no he doesn't
b) yes but a few years later
c) yes, in an unexpected place
d) no, he has to buy replacements
e) the story doesn't tell us

**5) What the colleagues are doing?**
a) they are having a party
b) they leave work early
c) they understand and help out
d) they understand but have no time to help
e) they have already gone home

# L'aeroporto-The airport

**Ri**assunto

Una scolaresca accompagnata da due insegnanti è all'aeroporto. Sono pronti a imbarcarsi su un aereo per una gita scolastica. Gli studenti sono entusiasti ed emozionati, ma anche indisciplinati ed il caos si scatena all'aeroporto. Tommaso uno studente particolarmente biricchino si allontana e viene ritrovato all'ultimo momento. Alla fien però gli insegnati riescono a ristabilire l'ordine e a tenere gli allievi impegnati durante l'attesa.

### Summary

A school group accompanied by two teachers is at the airport. They are ready to board a plane for a school trip. The students are enthusiastic and excited, but also unruly and chaos ensues at the airport. The students run up and down the airport to the horror of the teachers. Tommaso a particularly mischievous student leaves to go play on his own and is found at the last moment. In the end, however, the teachers manage to restore order and keep the students busy while they wait for the time to board the plane.

Una volta all'anno, tutte le **scuole medie** della nostra città si riunivano per organizzare un viaggio con studenti ed insegnanti. In quel giorno il punto di ritrovo era alle sette del mattino davanti all'ingresso principale dell'aeroporto. Tutti aspettavano di imbarcarsi e partire per la tanto **attesa** gita scolastica. Per molti degli studenti quella sarebbe stata la prima volta che avrebbero dormito lontano da casa ed anche la prima volta che avrebbero preso un aereo. Quest'anno l'avventura li attendeva nella **mistica** città di Roma. Durante l'anno scolastico avevano studiato a fondo la lunga storia della città e dell'impero Romano. Con i suoi generali, imperatori, conquiste e colossali strutture architettoniche. Il gruppo di scolari entusiasti all'idea di vedere finalmente con i loro occhi quello che sino ad allora avevano studiato solo sui libri. I ragazzi ed i loro insegnanti si sono riuniti nell'affollato aeroporto, pronti a salire a bordo dell'aereo che li avrebbe portati a destinazione.

Quando sono entrati in aeroporto però la fila **ordinata** di studenti si separa.

Un caos allegro ha cominciato a scatenarsi. Gli studenti, **traboccanti** di energia, tirarono le maniche dei loro insegnanti, indicarono gli schermi imponenti e si spargono in direzioni diverse. Alcuni cercano di indovinare in quale paese erano diretti gli altri turisti, altri si erano riuniti sotto i grandi tabelloni che segnavano i voli internazionali per vedere quali paesi si potrebbero raggiungere proprio da questo aeroporto. Gli insegnanti cercarono frettolosamente di riprendere il controllo, ma i loro sforzi furono vani contro l'entusiasmo giovanile.

In mezzo al trambusto, il Prof. Antioco, l'insegnante di studi sociali, contava continuamente le teste per assicurarsi che nessuno sarebbe rimasto indietro. Perdendo però il conto continuamente, perché le teste non facevano che correre in tutte le direzioni. Infatti, uno studente che ha visto la sua occasione, Tommaso, si è fatto strada tra la folla di studenti e turisti ed è scivolato via **inosservato**. Nel frattempo, la signora Tiocca, l'insegnante di arte, controllava meticolosamente la sua lista di studenti mettendola al confronto con le sue carte d'imbarco che teneva in un apposita cartella con un disegno dia alberi sulla **copertina**.

*From Frustration to Fluency*

Once a year, all the middle schools in our city got together to organize a trip with students and teachers. On that day the meeting point was at seven in the morning in front of the main entrance to the airport. Everyone was waiting to board and leave for the long-awaited school trip. For many of the students, this would be their first time sleeping away from home and also their first time flying. This year, adventure awaited them in the mystical city of Rome. During the school year they had thoroughly studied the long history of the city and of the Roman Empire. With its generals, emperors, conquests and colossal architectural structures. The group of enthusiastic schoolchildren at the idea of finally seeing with their own eyes what until then they had only studied in books. The boys and their teachers gathered at the busy airport, ready to board the plane that would take them to their destination.

When they entered the airport, however, the orderly line of students separated.

A cheerful chaos began to break loose. The students, brimming with energy, tugged at their teachers' sleeves, pointed at the towering screens and spread out in different directions. Some try to guess which country the other tourists were heading to, others had gathered under the large boards that marked international flights to see which countries could be reached from this airport. The teachers hastily tried to regain control, but their efforts were in vain against the youthful enthusiasm.

Admits the hustle and bustle, Prof. Antioco, the social studies teacher, was continually counting heads to make sure no one would be left behind. Losing count all the time though, because the heads kept running in all directions. Indeed, one student who saw his chance, Tommaso, made his way through the crowds of students and tourists and slipped away unnoticed. Meanwhile, Ms. Tiocca, the art teacher, meticulously checked her list of students against her boarding passes which she kept in a special folder with a drawing of trees on the cover.

Il panico le attraversò il viso quando si rese conto di aver sbagliato la corrispondenza tra gli studenti e le corrispondenti carte d'imbarco fu talmente forte ed improvviso che si sarebbe potuto vedere come il viso le diventava bianco come il gesso. Informò rapidamente il signor Antioco, che aggrottò la fronte molto preoccupato.

Nel disperato tentativo di trovare Tommaso il prima possibile e correggere il problema della carta d'imbarco, gli insegnanti hanno incaricato gruppi di studenti di cercare il loro compagno di classe.

L'aeroporto era molto grande, si suddivideva in sale collegate da ampi corridoi che portavano ad altre scale, ascensori, scale mobili, aree ristoro, depositi per i bagagli. L'aeroporto era un labirinto di viaggiatori frenetici all'interno del quale la ricerca di uno studente mancante all'appello, si rivelò un compito arduo. Soprattutto perché nonostante fossero arrivati con largo **anticipo** il tempo cominciava a passare. A un certo punto avrebbero chiamato il loro volo per l'imbarco e per quel momento Tommaso doveva assolutamente essere ritrovato.

Alla fine, dopo quella che sembrava un'eternità, Tommaso era stato ritrovato. Un gruppetto di studenti che camminando si affacciavano con la testa in tutte le sale d'attesa lo avevano trovato immerso in un videogioco in una sala giochi dell'aeroporto. Completamente ignaro del caos che aveva causato pensava solo a quanto era stato fortunato a trovare un videogioco raro e libero per tutti quelli che volevano giocarci durante l'attesa. L'attesa gli era sembrata davvero più breve, tanto più breve che stava per perdere l'imbarco. Con un severo rimprovero e una **collettiva** rotazione degli occhi da parte dei suoi compagni di classe, Tommaso si riunì al gruppo, anche se un poco dispiaciuto di aver dovuto lasciare a metà il suo gioco.

Allo stesso tempo, la signora Tiocca e il signor Antioco sono riusciti a risolvere la confusione sulla carta d'imbarco, grati per gli studenti con gli occhi d'aquila che hanno individuato e sottolineato gli errori. Un **sospiro** collettivo di sollievo travolse gli insegnanti mentre il conteggio degli studenti corrispondeva al conteggio della carta d'imbarco.

Panic crossed her face when she realized that she had mismatched the students with the corresponding boarding passes it was so strong and sudden that you could have seen how her face turned white as chalk. He quickly informed Signor Antioco, who frowned in great concern.

In a desperate attempt to find Tommaso as soon as possible and fix the boarding pass problem, the teachers instructed groups of students to search for their classmates.

The airport was very large, it was divided into halls connected by large corridors that led to other stairs, lifts, escalators, refreshment areas, and luggage deposits. The airport was a maze of frantic travelers in which the search for a missing student proved to be a daunting task. Above all because despite having arrived well in advance, time was starting to pass. At a certain point they would have called their flight for boarding and for that moment Tommaso absolutely had to be found.

Finally, after what seemed like an eternity, Tommaso had been found. A small group of students who walked into all the waiting rooms with their heads had found him immersed in a video game in an airport arcade. Completely unaware of the chaos he had caused, he thought only of how lucky he had been to find a rare and free video game for all those who wanted to play while waiting. The wait had really seemed shorter to him, especially shorter since he was about to miss his boarding. With a severe rebuke and a collective roll of eyes from his classmates, Tommaso rejoined the group, albeit a little sad he had to leave his game midway.

At the same time, Ms. Tiocca and Mr. Antioco managed to sort out the boarding pass confusion, grateful for the eagle-eyed students who spotted and pointed out the mistakes. A collective sigh of relief swept over the teachers as the student count matched the boarding pass count.

Il sollievo degli insegnati però, fu di breve durata, infatti, un annuncio gracchiante dall'interfono annunciò a tutti un ritardo del volo a causa del maltempo. I ragazzi ai quali non dispiaceva passare un altro po di tempo in questo nuovo parco giochi, si riempì la mente di cose da fare e vedere. Già pieni di eccitazione, hanno scatenato un'altra ondata di entusiasmo mentre esploravano **liberamente** l'aeroporto **sterminato**.

La signora Tiocca, era però determinata a non lasciare che la situazione degeneri di nuovo nel caos di nuovo. Ha quindi organizzato sessioni artistiche improvvisate, con matite colorate e album da disegno. Anche signor Antioco, come la sua collega, aveva avuto già abbastanza emozioni per non essere ancora neanche salito sull'aereo. Si è sistemato sotto al grande tabellone dei voli internazionali che con piccole lucine gialle e verdi intermittenti segnalava quali voli stavano arrivando o partendo e da quale destinazione. Ha trasformato il ritardo del volo in un'opportunità educativa insegnando agli studenti le storie di vari paesi, dove si trovavano uno in confronto all'altro e quanto erano vicini o lontani dal loro aeroporto di partenza.

Il tempo è volato e ben presto il tempo è migliorato e l'aereo era pronto per la partenza. Gli insegnanti radunarono i loro studenti **erranti**, spingendoli verso il cancello d'imbarco. Gli studenti, ora più disciplinati dopo le loro avventure in aeroporto, hanno seguito con entusiasmo i loro insegnanti, traboccanti di attesa.

Salendo sull'aereo insieme agli altri passeggeri si sentivano per la prima volta come dei veri esploratori del mondo. Le hostess salutavano all'ingresso e poco a poco tutti i sedili si andavano a riempire. Mentre si sistemavano ai loro posti sull'aereo, l'eccitazione di tutti era palpabile. Ma il caos dell'aeroporto si era calmato, trasformato in senso di cameratismo. Gli studenti si chiamavano tra loro e si assicuravano che gli amici non dimenticassero niente. Gli insegnanti, soddisfatti della risoluzione positiva a quel primo momento di caos, si sono scambiati sguardi d'intesa. Sapendo che l'avventura che li attendeva a Roma sarebbe stata sicuramente un'esperienza indimenticabile per tutti.

The relief of the teachers, however, was short-lived, in fact, a scratchy announcement from the intercom announced to everyone a flight delay due to bad weather. The kids who didn't mind spending some more time at this new playground filled their minds with things to do and see. Already filled with excitement, they unleashed another wave of enthusiasm as they freely explored the sprawling airport.

Ms. Tiocca, however, was determined not to let the situation degenerate back into chaos again. She then set up impromptu art sessions, with colored pencils and sketchbooks. Even Mr. Antioco, like his colleague, had already had enough emotions not to have even boarded the plane yet. Standing under the large international flight board which, with small flashing yellow and green lights, indicated which flights were arriving or departing from and from which destination. He turned flight delays into an educational opportunity by teaching students the stories of various countries, where they were in comparison to each other, and how close or far they were from their departure airport.

Time flew by and soon the weather improved and the plane was ready for departure. Teachers rounded up their errant students, herding them toward the boarding gate. The students, now more disciplined after their airport adventures, eagerly followed their teachers, brimming with anticipation.

Boarding the plane together with the other passengers, they felt for the first time like true explorers of the world. The hostesses greeted at the entrance and little by little all the seats were filled. As they settled into their seats on the plane, everyone's excitement was palpable. But the chaos of the airport had calmed down, turned into a sense of camaraderie. The students would call each other and make sure their friends didn't forget anything. The teachers, satisfied with the positive resolution to that first moment of chaos, exchanged knowing glances. Knowing that the adventure that awaited them in Rome would surely be an unforgettable experience for all.

Alla fine, in mezzo al caos e al pandemonio, il viaggio stesso è diventato una parte **indimenticabile** della gita scolastica. Il caos aeroportuale aveva insegnato agli studenti la gioia di imparare anche in circostanze inaspettate.

Eventually, in between the chaos and pandemonium, the trip itself became an unforgettable part of the school trip. The airport chaos had taught students the joy of learning even in unexpected circumstances.

## Vocabulary

**Scuole medie**: Middle school
**Attesa**: Wait
**Mistica**: Mystical
**Orbdinata**: Tidy
**Inosservato**: Unseen
**Copertina**: Cover
**Anticipo**: Early
**Collettivo**: Collective
**Sobspiro**: Sigh
**Liberamente**: Freely
**Sterminato**: Very big in space
**Erranti**: Wandering
**Indimenticabile**: Unforgettable

## Questions

**1) What is the story about?**
a) the inhabitants of a small town
b) a married lady
c) a group of schoolkids
d) the pilot of a plane
e) the major of Rome

**2) Where is the story set?**
a) at the airport
b) in a mountain village
c) in a flat
d) in a city park
e) in a school

**3) Where are the characters going?**
a) at home
b) to the sea
c) to Madrid
d) to Paris
e) to Rome

**4) Is everybody calm?**
a) yes, they do not care about the trip
b) no, they are scared to fly
c) no, everybody is excited!
d) yes, they all stay in a line all the time
e) no, the teachers get lost

**5) Somebody gets away from the group, who is it?**
a) Edoardo
b) Tommaso
c) Angelo
d) Carlo
e) Stefano

# Answers

**La tartaruga soccorsa-The rescued turtle**
1) b
2) c
3) d
4) d
5) c

**Una visita inaspettata-An unexpected visit**
1) b
2) c
3) a
4) e
5) d

**Il tesoro-The treasure**
1) a
2) c
3) e
4) d
5) c

**Alice**
1) c
2) b
3) e
4) c
5) a

**Il barbecue-The barbecue**
1) e
2) a
3) d
4) d
5) c

**Uno spavento-A scare**
1) b
2) b
3) a
4) d
5) d

**Una giornata al mare-A day at the beach**
1) b
2) e
3) c
4) d
5) b

**Viaggio a sorpresa-A surprise trip**
1) d
2) c
3) b
4) d
5) a

**Una serata tra amici-An evening with friends**
1) e
2) b
3) c
4) a
5) b

**Il vecchio corvo-The old crow**
1) a
2) c
3) d
4) e
5) a

**La nuova scuola-The new school**
1) d
2) b
3) b
4) a
5) a

**In treno-On the train**
1) c
2) e
3) d
4) a
5) a

**Il concerto-The concert**
1) d
2) a
3) c
4) e
5) d

**Il campeggio-The camping trip**
1) d
2) a
3) a
4) b
5) c

**La fiera-The Fair**
1) e
2) d
3) a
4) d
5) a

**La gita in barca-The boat trip**
1) b
2) c
3) b
4) a
5) a

**Il gatto-The cat**
1) e
2) b
3) d
4) a
5) c

**I compiti delle vacanze-Holidays Homework**
1) c
2) d
3) a
4) c
5) d

**Gli occhiali perduti-The lost glasses**
1) e
2) a
3) b
4) c
5) c

**L'aeroporto-The airport**
1) c
2) a
3) e
4) c
5) b

## About the Author

Acquire a Lot is an organization dedicated to effectively teaching languages using an innovative method developed by the organization's teachers, known as LRR. This method is built on fundamental pillars that ensure a natural language acquisition process:

-Listening to stories

-Reading stories

-Repetition

Acquire a Lot's mission is to promote language acquisition over traditional methods. With the LRR method, there are no grammar lessons, no corrections; everything is acquired naturally, similar to how a child develops their first language.

## References

T.D. Terrell (1977). A Natural Approach to Second Language Acquisition and Learning. The Modern Language Journal, vol. 61 (No. 7) p.p. 325-337

T.D. Terrell (1986). Acquisition in the Natural Approach: The Binding / Access Framework. The Modern Language Journal, vol. 70 (No. 3) p.p. 213-227

C. Griffiths, J.M. Parr (2001). Language Learning Strategies: Theory and Perception. Elt Journal, vol.55 (No.3) p.p. 247-254

# Books By This Author

available at amazon

## A special request

I'm delighted you took the time to read my book! I really hope you found it valuable and enjoyed the insights it offered. If you did like the book, I'd like to kindly ask if you could consider leaving a review. Your feedback is **incredibly helpful** for other readers who might be interested in the book. It truly means a lot to me as the author.

And stay tuned to my newsletter because the next in the series is coming soon. (By downloading the guide on how to acquire any language you are automatically in.)

Thank you so much for your support!

Printed in Great Britain
by Amazon